Worte der Zuversicht in der Corona-Krise 2020

herausgegeben von
Ralph Hennings

Isensee Verlag
Oldenburg 2020

Titelbild: Ralph Hennings
DTP: Ralph Hennings

Bibliografische Information der Deutschen Bibliothek
Die Deutsche Bibliothek verzeichnet diese Publikation in der
Deutschen Nationalbibliografie; detaillierte bibliografische Daten
sind im Internet über <http://dnb.ddb.de> abrufbar.

ISBN 978-3-7308-1689-9

© 2020 Isensee Verlag, Haarenstraße 20, 26122 Oldenburg
Gedruckt bei Isensee in Oldenburg

Worte der Zuversicht

Einleitung

In diesem Buch sind 74 Texte gesammelt, die in der schwierigsten Phase der Corona-Epidemie in der Kirchengemeinde Oldenburg entstanden sind. Es sind kurze Texte, die täglich auf der Homepage der Gemeinde veröffentlich wurden. Ein tägliches Wort der Zuversicht erscheint bis heute (30. Juni 2020). Dieser Sammelband orientiert sich aber an dem Einschnitt, den das Pfingstfest bildete. Trotz der immer noch andauernden Infektionsgefahr und den teilweise drückenden Einschränkungen, war das eine Art Wendepunkt. Danach wurden viele Lockerungen zugelassen und andere Themen begannen, in den Vordergrund zu rücken. In den hier gesammelten Texten spiegelt sich das Erleben der Krisenzeit von neun evangelischen Pastorinnen und Pastoren. Die acht Pastorinnen und Pastoren der Kirchengemeinde Oldenburg und Pas torin Jürgens von der Kirchengemeinde Ofenerdiek haben die Texte geschrieben. Sie haben damit versucht in schwierigen Tagen die Zuversicht weiterzugeben, die vom christlichen Glauben ausgeht. Ein von Gott gesprochenes „fürchtet Euch nicht" steht im Hintergrund jedes Textes.

Die Entstehung der Worte der Zuversicht

Die Auswirkungen der Corona-Epidemie erreichten die Kirchen in Deutschland Mitte März 2020. Der „Shutdown", der am 16.3. von der Bundesregierung und den Ländern beschlossen wurde, verbot allen Religionsgemeinschaften gottesdienstliche Versammlungen in ihren Räumen abzuhalten. Die Kirchen regeln ihre eigenen Angelegenheiten im Rahmen der für alle geltenden Gesetze selbständig. So durften, auf Beschluss der Kirchengemeinden im Kirchenkreis Oldenburg Stadt, die Kirchen nicht mal mehr zum Gebet betreten werden. Dieser Beschluss galt ab Mittwoch, dem 19.3.2020. Die Pastorinnen und Pastoren der Kirchengemeinde Oldenburg überlegten sich an diesem Mittwochmorgen, wie sie ihre Gemeindeglieder anders erreichen könnten als durch öffentliche Gottesdienste, geöffnete Kirchen und die gesamte vielfältige Gemeindearbeit, die jetzt zum Erliegen kam. Im Laufe einer e-Mail-Konferenz wurde beschlossen, täglich einen kurzen Text zusammen mit einem passenden Bild auf der Homepage der Kirchengemeinde zu veröffentlichen. Auf Video-Gottesdienste sollte dagegen verzichtet werden (es deutete sich schon an, dass daran in der kommenden Zeit kein Mangel herrschen würde). Verschiedene Anregungen führten schließlich dazu, dass der Titel „Wort der Zuversicht" gewählt wurde. In der Unsicherheit der Epidemie und der massiven Einschränkung des öffentlichen Lebens erschien Zuversicht eine zentrale Botschaft des christlichen Glaubens zu sein.

Verbreitung der Worte der Zuversicht

Bereits am nächsten Morgen, am Donnerstag, dem 20.3., war das erste Wort der Zuversicht auf der Homepage www.kirchengemeinde-oldenburg.de online. Die Pastorinnen und Pastoren schrieben von nun an in alphabetischer Reihenfolge für jeden Tag einen Text, der samt passendem Bild von der Internet-Redakteurin der Gemeinde nachts online gestellt wurde, sodass sie als Erstes am Morgen gelesen werden konnten.

Die Worte der Zuversicht fanden sofort Anklang. Bereits am ersten Tag wurden sie 200mal auf der Homepage der Kirchengemeinde angeklickt. Die Zahl ist danach über lange Zeit weiter angestiegen. Diese positive Reaktion führte dazu, dass auch andere Medien die Worte der Zuversicht übernommen haben.

Im Anhang findet sich eine Dokumentation der Verbreitung, die diese Texte in Oldenburg und darüber hinaus gefunden haben. Die große Verbreitung und auch die nachfolgend wiedergegebenen Reaktionen zeigen, dass es in der Zeit der Kontaktverbote dennoch gelungen ist, bei den Menschen zu sein, auch bei solchen, die keine Internetverbindung haben.

Reaktionen auf die Worte der Zuversicht

Die meisten Reaktionen können nicht dokumentiert werden. Sie erfolgen mündlich. Da aber auch Rückmeldungen per Mail oder über Kontaktformulare übermittelt wurden, lässt sich zeigen, wie positiv die Worte der Zuversicht aufgenommen worden sind.

> „Ein Hallo an das Team vom Kirchenradio. Trost und Zuversicht wird uns ja inzwischen von allen Seiten mit unterschiedlichen Inhalten angeboten. Da bin ich mit Lesen und Hören inzwischen auch schon überfordert. Aber ihre Sendung „Worte der Zuversicht" ist genau richtig für mich. Ich finde sie wunderbar. Gerade heute habe ich mich sehr angesprochen gefühlt. Vielen Dank und freundliche Grüße."

> „Meine Freundin in Lübeck liest die Wort der Zuversicht jetzt auch jeden Tag und sagte, das ist schön wie der „Andere Adventskalender'"."

> „Jeden Morgen schaue ich mir den Text auf der Homepage an und fühle mich getröstet."

> „Vielen Dank für Ihre Worte der Zuversicht auf der Homepage unserer Kirchengemeinde. Ich habe mich zum ersten Mal richtig angesprochen gefühlt. Sie sprechen mir aus der Seele!"

> „Wir lesen täglich die Worte der Zuversicht und waren heute sehr berührt."

> „Ein schönes „Wort der Zuversicht" heute, bisschen Politik, Familie, Aktuelles und Religion – gefällt mir!"

> „Ich lese jeden Morgen die Worte der Zuversicht und bin froh, dass sie schon so früh online stehen, dass auch ich den Tag damit beginnen kann. Danke dafür. Ich habe dadurch die Pastor*innen der Gemeinde besser und von einer anderen Seite kennenlernen können. Das empfinde ich als Bereicherung."

> „Ihre Worte der Zuversicht vom Karfreitag waren mir wirklich ein Trost. Danke dafür."

> „Ich bedanke mich für die Worte der Zuversicht, bin immer eifrig am Lesen und freue mich über die Worte."

Von drei Begebenheiten berichten Pastorinnen:
> „Ich sitze bei einer Frau im Betreuten Wohnen im Altenzentrum auf der Terrasse. Nebenan liest jemand laut dem Nachbarn etwas vor. Die Worte kommen mir bekannt vor: „Und täglich grüßt das Murmeltier" verstehe ich. Jetzt weiß ich, was das ist. Es wird das heutige ‚Wort der Zuversicht' vorgelesen. Am Ende lachen die beiden darüber."

> „Eine Frau ruft mich wegen einer ganz anderen Angelegenheit an. Ich frage, wie es ihr in dieser Zeit geht. Da sagt sie: ‚Was mir guttut, ist, dass meine Schwester mich aus dem Lambertistift jeden Tag anruft und mir das „Wort der Zuversicht" vorliest, dass die Pastoren dort verteilen. Darüber freuen wir uns dann beide, meine Schwester und ich.'"

„Am Sonntag vor Pfingsten gab es nach dem Gottesdienst in der Christuskirche ein Gespräch über die Worte der Zuversicht. Ich habe erstaunt gehört, wie viele es weiter verteilen. Und es gab bei fast allen den Wunsch, es möge weitergeführt werden."

Diese Rückmeldungen zeigen, dass die kleinen Texte sich in den Monaten der Corona-Krise als Format der Verkündigung und der Seelsorge bewährt haben. Auf Grund der vielen positiven Reaktionen wird das Projekt bis jetzt weitergeführt. Die dokumentierten Reaktionen zeigen aber auch, wie präsent „Kirche" in den Tagen des „Shutdowns" war.

Dank

Zu danken habe ich zu allererst den Pastorinnen und Pastoren, die die Texte verfasst und sich obendrein die Fähigkeit angeeignet haben, selbständig Audio-Files zu produzieren. Zu danken ist den ehrenamtlichen Mitarbeiterinnen und Mitarbeitern des Kirchenradios in Oldenburg, die jede Nacht ihre Homepage aktualisiert haben. Das gleiche hat auch Dr. Verena Hennings für die Homepage der Kirchengemeinde Oldenburg getan. Ich danke auch den Fotografinnen und Fotografen, die ihre Bilder zur Verfügung gestellt bzw. auf den angegebenen Fotoplattformen hochgeladen haben. Die Bilder haben die Texte verstärkt und tun es auch in der gedruckten Fassung.

Für Hilfe bei der Drucklegung danke ich den Mitarbeiterinnen und Mitarbeitern des Isensee Verlages, die dieses Buch betreut haben.

Ralph Hennings, 30.6.2020

Abgesagt – Angesagt

Das hat es ja noch nie gegeben! Die Konfirmation wird abgesagt und überhaupt alle Gottesdienste! Abgesagt ist das Kirchen-Café und das Treffen mit Freunden, die Verabredung zum Bier und der geplante Besuch im Theater.

Das hat es noch nie gegeben. Selbst in sehr dunklen Zeiten haben Menschen sich getroffen und zusammen Musik gemacht, getanzt, gespielt, diskutiert oder wenigstens geflüstert und haben sich in die Arme genommen.

In dieser Woche ist das alles anders geworden. Die Straßen und Plätze sind beinahe leergefegt, die Supermarktregale an manchen Stellen auch.

Gut, dass wir telefonieren können. Viele von uns haben jetzt ganz unerwartet Zeit dazu. Wir freuen uns in diesen Tagen, wenn das Telefon klingelt und jemand sagt: „Ich wollte nur mal wissen, wie es Dir geht".

In meinem Briefkasten fand ich gerade eine Karte. Eine leuchtend gelbe Osterglocke darauf und diese Worte:

Sonne ist nicht abgesagt

Beziehungen sind nicht abgesagt

Lesen ist nicht abgesagt

Musik ist nicht abgesagt

Freundlichkeit ist nicht abgesagt

Hoffnung ist nicht abgesagt

Frühling ist nicht abgesagt

Liebe ist nicht abgesagt

Zuwendung ist nicht abgesagt

Phantasie ist nicht abgesagt

Gespräche sind nicht abgesagt

Beten ist nicht abgesagt ...

Stimmt, denke ich: Jetzt sind Worte und Gesten, die **Zuversicht** geben, angesagt!

„Ermuntert und ermutigt einander jeden Tag, damit niemand von euch verzagt sein muss", lese ich im Hebräerbrief 13,13. Damit fange ich heute an!

Pastorin Elke Andrae

Donnerstag 19.3.2020

Wäscheleine

Eine Wäscheleine voller Worte der Zuversicht zum Mitnehmen, die Verabredung, um 19.00 Uhr von allen Balkonen und Terrassen „Der Mond ist aufgegangen" zu singen, die Kerze, die vor der geschlossenen Kirchentür Tag und Nacht brennt – all das sind Hoffnungzeichen, die uns dabei helfen wollen, geduldig und zuversichtlich zu bleiben in dieser wohl für alle schwierigen Zeit.

Paulus schreibt über Krisenzeiten des Lebens: *„Wir wissen, dass Bedrängnis Geduld bringt, Geduld aber Bewährung, Bewährung aber Hoffnung. Hoffnung aber lässt nicht zuschanden werden!"* (Römer 5, 3-5a)

Vieles bedrängt Menschen in dieser Zeit: Einsamkeit, das Gefühl, isoliert zu sein, Existenzangst, ebenso wie die Frage: wie lange wird dieser Virus unser Leben bestimmen?

Um geduldig zu bleiben und sich zu bewähren in dieser Zeit, braucht es neben Menschen, die uns nahe sind, Worte, die uns ermutigen und unseren Blick über die Krise hinaus in die Zukunft richten.

Die Worte des Paulus gehören für mich dazu: Unsere Hoffnung, so sehr sie auch gerade auf die Probe gestellt wird, wird nicht enttäuscht werden, oder in Paulus' Worten: *„Hoffnung lässt nicht zuschanden werden!"* Daran halte ich fest, gegen alles, was mich in dieser Zeit belastet und bedrängt.

Die brennende Kerze, das gemeinsam gesungene Lied und Menschen, die ein gutes Wort für andere haben, bestärken mich in meiner Hoffnung.

Bleiben auch Sie geduldig und hoffnungsvoll!

Pastorin Bärbel Bleckwehl-Wegener

Freitag 20.3.2020

der Zuversicht

Brot
Wort
Klopapier

Wovon leben wir eigentlich? Diese alte Frage wird in der Corona-Krise neu beantwortet. Der Staat definiert, was jetzt noch für uns wichtig ist: Arbeit, Medizin, Supermärkte und Internet. Kultur, Kunst und Kirche sind es nicht, deshalb: GESCHLOSSEN!

An diesem Wochenende droht die Verhängung einer Ausgangssperre und die meisten von uns halten das jetzt für richtig. Als Verbraucher beantworten wir die Frage, wovon wir leben, etwas weniger entspannt. Aus Angst vor wochenlanger Isolation horten wir, was wir zum Leben wichtig finden: Nudeln, Mehl, Konserven – und vor allem: KLOPAPIER!

Die Bibel überliefert eine ganz andere Antwort auf die Frage, wovon wir leben. Jesus sagte: „Der Mensch lebt nicht nur von Brot; er lebt von jedem Wort, das Gott spricht". Weil Gott nun nicht zu jedem von uns direkt spricht, ist es wichtig, dass wir einander weitersagen, was es über Klopapier, Arbeit und Apotheken hinaus noch über Leben zu sagen gibt. Das wichtigste Wort Gottes für diese Tage stammt wahrscheinlich aus der Weihnachtsgeschichte: „Fürchtet Euch nicht!". In der Bibel wird es zigfach wiederholt.

Warum ist das für das Leben wichtig? In den Tagen der Corona-Angst ist das eigentlich selbsterklärend. Gott spricht zu mir nicht mit Katastrophenmeldungen und Reglementierungen. Gott sieht mich auch nicht als eine Gefahr für meine Mitmenschen. Gott sieht mich als einen verunsicherten Menschen, der seine Angst immer wieder überwinden muss und sagt deshalb zu mir: „Fürchte Dich nicht" – don't panic!

Pastor Dr. Ralph Hennings

Sonnabend 21.3.2020

Ich will euch trösten,
wie einen seine Mutter tröstet. (Jesaja 66,13)

Über dieses Jesajawort hätte ich heute in der Auferstehungskirche gepredigt. Aber wir dürfen keine Gottesdienste in den Kirchen feiern. Ich hätte auch gerne die vier Konfirmandinnen und Konfirmanden getauft, die ich am 26. April in der Auferstehungskirche konfirmiert hätte. Aber ich darf sie nicht taufen. Ich werde sie auch nicht konfirmieren. Jedenfalls nicht jetzt.

Getröstet werden oder trösten wie einen seine Mutter tröstet – das könnte ich jetzt selbst auch gut gebrauchen. Aber das darf ich nicht. Eine Mutter nimmt in den Arm, streichelt über den Kopf, schmiegt Wange an Wange. Geht gar nicht in Zeiten von Corona. Was für eine trostlose Zeit!

Aber ich erinnere mich, jetzt, wo ich diese Zeilen schreibe: Als ich ein Kind war und Trost brauchte, hat sich meine Mutter nicht zu mir herabgebeugt. Sie hat mich auch nicht gleich nach oben auf ihren Arm gezogen. Sie hat sich zuerst in die Hocke gesetzt, um mit mir auf einer Augenhöhe zu sein, und hat sich meinen Schmerz angehört. Erst danach hat sie mich, wenn es nötig war, in den Arm genommen. Dieses „In-die-Hocke-gehen" ist für mich bis heute der Anfang vom Trost.

Sonntag Lätare ist der vierte Sonntag der Passionszeit. Gott ist Mensch geworden, um uns Menschen seine Solidarität zu zeigen – und er ist diesen Weg konsequent weitergegangen bis ans Kreuz und in den Tod, um uns auch im entferntesten Winkel der Gottesferne nahe zu sein. Mit seiner Auferstehung hat Jesus Christus den Tod ein für allemal überwunden. Bis Ostern ist es noch ein Stück – aber, dass Gott sich jetzt auf meine Trauer einlässt und bei mir ist, ist für mich der Anfang vom Trost.

Pastor Jens Kieseritzky

Sonntag 22.3.2020

Zeichen von oben?

„Ist dieses Corona-Virus ein Zeichen von oben, damit wir endlich umdenken?", fragte mich eine alte Dame am Telefon. Dieser Gedanke liegt nahe, wenn die ganze Welt betroffen ist und der große Teil von uns archeähnlich in den Wohnungen hockt. Der Flugbetrieb ist bei 5% des vorherigen Wertes und der Autoverkehr ist reduziert. Der Natur und dem Klima wird das gut tun.

Andererseits: Was ist mit denen, die nun schwer erkranken, was ist mit denen, deren wirtschaftliche Existenz bedroht ist, was ist mit denen, die in Pflegeeinrichtungen bis zur Erschöpfung arbeiten? Kann das Virus unter diesen Umständen ein Zeichen Gottes sein, das uns zum Umdenken bringen soll? Ist der Preis nicht zu hoch – ebenso wie bei der Sintflut?

Ich lese im Buch Jesaja in der Bibel: „Gott spricht: Ich halte es wie zur Zeit Noahs, als ich schwor, dass die Wasser Noahs nicht mehr über die Erde gehen sollten." (Jesaja 54, 8-9)

Das Corona-Virus ist kein Zeichen Gottes zum Umdenken! Sicher können wir daraus etwas lernen: Wie klein unsere Welt ist, wie fragil unser Leben. Was uns wirklich wichtig ist. Wie viel Solidarität sich zeigt. Aber auch, worüber Menschen sich jetzt streiten, Klopapier zum Beispiel. Dass wir uns verändern, verzichten, im Einklang miteinander und mit Gottes Schöpfung leben können. Ich glaube, dazu ermutigt Gott uns. Sein Versprechen gilt:

„Es sollen wohl Berge weichen
und Hügel hinfallen,
aber meine Gnade
soll nicht von dir weichen,
spricht der Herr, dein Erbarmer." (Jesaja 54, 10)

Pastorin Anja Kramer

Grenzen-los

„Über den Wolken, muss die Freiheit wohl grenzenlos sein..."

Das Lied von Reinhard Mey klingt in meinen Ohren. Vor 46 Jahren hat er es zum ersten Mal gesungen. Manche Lieder und Texte vergisst man nicht.

Freiheit – Wolken – grenzenlos: Diese Worte lösen etwas im Menschen aus.

Eine tiefe Sehnsucht, die Nahrung in solchen Bildern findet.

Werbung und Wirtschaft haben sich dies schon lange zu eigen gemacht. Zu jeder Tag- und Nachtzeit kannst du alles kaufen, 24 Stunden lang. Und im Netz sowieso. Grenzen-lose Freiheit ?

Angesichts der Corona-Krise werden uns jetzt Grenzen gesetzt. Seit gestern sind diese Grenzen noch enger gezogen worden; es gilt ein umfassendes Kontaktverbot neben weiteren Beschränkungen. Not-wendige Grenzen sind das. Wir müssen uns beschränken, damit andere (über)-leben können. Das ist gut und richtig. Das ist neu und ungewohnt. Und manchmal schwer auszuhalten.

Doch ich merke: Langsam gewöhne ich mich daran. Klare Regeln und Grenzen schenken auch Freiheit. Eine andere Freiheit. So wie bei den 10 Geboten, die manchmal „Spielregeln der Freiheit" genannt werden.

Neue Räume können sich auftun, wenn wir Gewohntes verlassen müssen:

In der Stille, im Gebet, in langen Telefonaten mit Freundinnen und Freunden, beim Spaziergang allein oder zu zweit, im Einatmen der frischen klaren Frühlingsluft, beim Aufblicken zum blauen Sonnenhimmel.

„Herr, deine Güte reicht, so weit der Himmel ist
und deine Wahrheit, so weit die Wolken gehen.
Denn bei dir ist die Quelle des Lebens
und in deinem Lichte sehen wir das Licht" (Psalm 36, 6 u. 10)

Ich bin dankbar für meine grenzen-lose Freiheit!

Pastorin Gudrun Lupas

Dienstag 24.3.2020

> Ich möchte Leuchtturm sein
> in Nacht und Wind,
> für Dorsch und Stint,
> für jedes Boot –
> und bin doch selbst
> ein Schiff in Not.
>
> Wolfgang Borchert

Das kleine Gedicht von Wolfgang Borchert drückt sehr gut aus wie es in mir aussieht. Ich wäre so gern stark und mutig. Ich böte so gern Halt und Orientierung wie ein Leuchtturm. Doch nun bin auch ich in Not. Ich mache mir Sorgen um meine schwer kranke Mutter. Ich kann meinen Mann nicht sehen, weil er auf einmal zu einer Kontaktperson geworden ist. Ich kann mir nur schwer vorstellen wie das dauerhaft gehen soll: Leben ohne gemeinsame Gottesdienste, ohne die Begegnungen zwischen Menschen zum Beispiel bei einem Trauerbesuch.

Die Coronapandemie macht gerade viele von uns zu Schiffen in Not: Eltern, die homeoffice und Kinderbetreuung unter einen Hut kriegen müssen. Ärzte und Pflegepersonal, die helfen, aber dabei selbst hoch gefährdet sind. Selbständige, die nicht wissen, ob die zugesagten finanziellen Hilfen sie und ihre Firmen vor der Insolvenz retten können.

Das Volk Israel war keine Seefahrernation, darum lesen wir in der Bibel nichts von Leuchttürmen. Aber in Feuerschein und Wolkensäule begleitet Gott sein Volk bei der Wanderung durch die Wüste Tag und Nacht. So findet es seinen Weg und ist behütet. Und im Buch der Sprüche lese ich das: „Der Name des HERRN ist ein starker Turm, der Gerechte eilt dorthin und findet Schutz." (Sprüche 18,10, Zürcher Bibel)

Und ich weiß: Weil Gott so ist, bin ich auch kein Schiff in Not und fange vorsichtig an zu leuchten.

Pastorin Silke Oestermann

Mal anrufen!

„Eben hat mich meine Nachbarin angerufen! Die ist jetzt auch viel allein!"

„Und ein früherer Arbeitskollege kümmert sich im Augenblick rührend um mich! Ruft mich an. Gestern hat er mir sogar Kuchen gebracht."

So erzählte mir Frau L. am Telefon.

Vor einigen Tagen hatte ich sie im Supermarkt getroffen. Da war sie niedergeschlagen. „Alles in der Kirche fällt jetzt aus. Aber die Treffen waren manchmal meine einzigen Gelegenheiten zu sprechen am Tag. Das fehlt mir so." Ich beschloss, Frau L. ab und an anzurufen. Und schon bei meinem ersten Anruf erlebte ich ihren Stimmungsumschwung. Unter etlichen aus unserer Gemeinde hatte sich ein Netz gegenseitiger Fürsorge und Achtsamkeit gebildet. Wunderbar!

„So viel der Himmel höher ist als die Erde, so sind auch meine Wege höher als eure Wege und meine Gedanken als eure Gedanken", sagt Gott. (Jesaja 55, 9)

Ja, das stimmt. Manchmal fallen alle unsere Planungen und Projekte mit einem Mal in sich zusammen. Dennoch sind für mich Gottes Gedanken und Wege immer zugleich Gedanken und Wege der Fürsorge und Anteilnahme aneinander. Ich denke in diesen Tagen viel an Menschen, die schon vor der Krise allein waren. Oder die sich ausgeschlossen vorkamen. Und jetzt fühlen sie sich noch mehr so. Begegnungen fehlen. In der Gemeinde, in Tagesaufenthalten, in Selbsthilfegruppen. Auf sich selbst geworfen sein – in der eigenen Wohnung. Das kann quälend sein.

Es ist an uns, Kontakt zu halten, Netze der Kommunikation zu bilden und uns gegenseitig offene Ohren und Herzen zu schenken. Beteiligen wir uns! Wen könnten Sie und ich mal anrufen? Werden wir aktiv!

Pastor Jürgen Walter

Donnerstag 26.3.2020

Zusammenspiel

Was alles geht! Per Mobiltelefon schickt mir eine Freundin einen kleinen Film: Da beginnt jemand auf einem Streich-Bass eine Melodie zu spielen. Er steht ganz offensichtlich allein in seinem Wohnzimmer. Nach wenigen Takten zeigt sich neben dem ersten ein zweites Bild, in dem sehe und höre ich einen Menschen, der mit einem Violoncello die Melodie aufnimmt. Auch er sitzt allein in einem anderen Zimmer. Nach und nach kommen weitere Frauen und Männer mit ihren Instrumenten dazu: Violine, Bratsche, Fagott, Oboe, Querflöte, auch zwei Hörner spielen mit...

Es sind Musikerinnen und Musiker eines Orchesters, die sich im Augenblick nicht zusammensetzen können zum Musizieren. So spielt jeder und jede in seiner Wohnung und doch spielen sie gemeinsam ein Stück. Die Technik macht es möglich.

Die Musik bewegt mich und es bewegt mich dieses Bild: Da sind Menschen an verschiedenen Orten, und doch sind sie verbunden. Sie hören aufeinander und bringen gemeinsam ihre Musik zum Klingen.

Was alles geht! Im Augenblick geht so vieles nicht, weil ein Virus weltweit unser Leben bestimmt. Da weckt dieser kleine Film bei mir die Vision vom Leben, das in der Vielfalt zusammen gelingt und klingt, weil Menschen sich verbinden durch etwas, das das verletzliche Leben zum Leuchten bringt – so wie das Mitgefühl, die Musik, die Zärtlichkeit und ein unermüdlicher Gebetsfaden.

„So möge Gott uns gnädig sein und uns segnen, jeden in seiner Wohnung.
Er lasse sein Angesicht leuchten und mache uns das Leben hell,
dass wir auf Erden seinen Weg erkennen und alle Völker sein Heil erfahren"
(nach Psalm 67).

Pastorin Elke Andrae

Nähe suchen

Die Umarmung unter Freunden, sich mit der Freundin im Café treffen, den ganz normalen Alltag mit seinen Freuden und Herausforderungen – was vermissen Sie gerade am meisten?

Ich vermisse die vielen kurzen Begegnungen mit anderen, die ich sonst am Tag habe, den festen Händedruck, den Klönschnack, das gemeinsame Lachen: Nähe, die mich vergewissert, wir sind zusammen unterwegs, jede und jeder an seinem oder ihrem Ort und doch gemeinsam! Gerade jetzt, wo alle Abstand halten, spüre ich, wie wichtig mir persönlich Nähe ist und wie viel Verbundenheit sich dadurch ausdrückt.

Auch Jesus suchte Nähe, als er im Garten Gethsemane betete, weil er wusste, was ihm bevorstand: Leiden und sogar der Tod. Darum bat er die Menschen, die ihm immer nah waren, um ihren Beistand, um ihre Verbundenheit:

„Bleibt hier und wacht mit mir!" (Mk. 14,14b)

Gerade jetzt brauchen viele von uns jemanden, der oder die ihnen nah bleibt und verbunden, zu dem sie sagen können: „Bleib bei mir. Ich habe solche Angst vor einer Erkrankung, vor der Einsamkeit, davor vergessen zu werden!"

Versuchen wir, es besser zu machen als die Jünger damals, die einschliefen, als ihr Freund sie am meisten gebraucht hätte. Es geht auch ohne Handschlag und Umarmung, andere wissen und spüren zu lassen: „Ich bleibe bei dir und vergesse dich nicht!"

Pastorin Bärbel Bleckwehl-Wegener

Finde ich Gott jetzt nicht

einmal mehr im Wald?

Die ersten Blätter wurden grün, die Sonne schien eine ganze Woche lang, es war zwar noch kühl, aber das Wetter verlockte zum Rausgehen. Doch genau das sollen wir nicht tun: „stay at home!" ist der Aufruf in Zeiten des Kontaktverbotes.

In der Coronakrise werde ich auf mich selbst zurückgeworfen. Ich muss alleine klarkommen. Arbeiten soll ich – aber von zu Hause aus. Einkaufengehen darf ich noch. Und sonst? Ist das Leben nicht mehr als Arbeit und Essen? Lohnt es sich dafür überhaupt noch die Jogginghose auszuziehen? Die Tage verschwimmen, ist heute schon Freitag oder noch Donnerstag? Am Sonntag ist es besonders schlimm, da kann ich nicht einmal in den Supermarkt.

Mir fällt die Decke auf den Kopf.
Ich suche nach einer Kraftquelle.
In den Wald soll ich nicht – bleib zu Hause!
In die Kirche kann ich auch nicht – geschlossen!
Geh ich doch ins Eversten Holz?

Ich brauche etwas anderes als meinen eigenen Mief. Frische Luft, den Duft des Frühlings, das Gefühl von Leben! Ich fühle mich lebendig. Beim Heimkehren schlage ich die Bibel auf, willkürlich, irgendwo in der Mitte. Ich lande bei Hiob, einem Menschen, der alleine ist und leidet. Hiob sitzt im Elend, aber noch ist er lebendig. Er sagt über sich selbst: Ich bin lebendig „solange noch mein Odem in mir ist und **der Hauch von Gott in meiner Nase**…" (Hiob 27,3).

Ich merke auf. Meinen Odem spüre ich in mir – und hatte ich eben nicht den Hauch von Gott in meiner Nase?

Pastor Dr. Ralph Hennings

Sonntag 29.3.2020

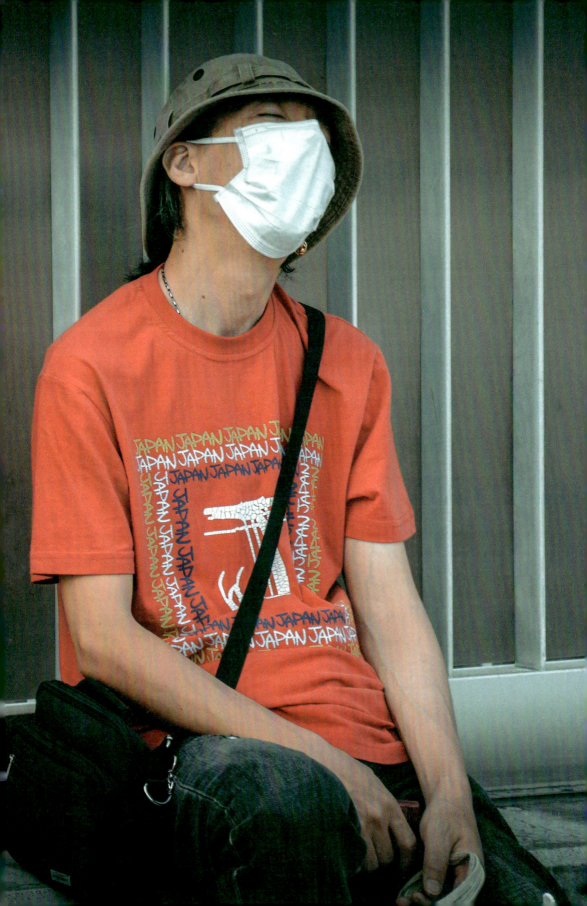

Corona first!

Das Corona-Virus hat unser Leben in den vergangenen zwei Wochen radikal verändert. Und es wird unser Leben nach der Corona-Krise in allen Bereichen unserer Gesellschaft, in Politik, Wirtschaft und vermutlich auch in der Kirche nachhaltig verändern. Corona zeigt uns, wie zerbrechlich unser Leben ist, und wie brüchig das Fundament, auf dem wir es aufgebaut haben. Und wir können nichts dagegen tun, außer zu Hause zu bleiben. Das Aushalten der eigenen Hilflosigkeit ist für mich das Schwerste in dieser Krise. Zugleich liegt darin aber auch unsere größte Stärke gegen das Virus.

Corona arbeitet wie alle Viren nach einem sehr einfachen Prinzip: Vermehren – Vermehren – Vermehren. Solange es noch keinen Impfstoff gegen das Virus gibt, ist die einzige Möglichkeit, diesen Prozess zu verlangsamen und aufzuhalten, sich zurückzuziehen, um dem Virus keine Angriffsfläche zu bieten. Und das können wir.

Das ist mehr als Nichtstun.

Christus spricht „Lass dir an meiner Gnade genügen; denn meine Kraft vollendet sich in der Schwachheit." (2. Kor. 12,4)

Immer nach vorne, Wachstum – Wachstum – Wachstum, das galt auch schon vor Corona in der Wirtschaft und hat unsere Gesellschaft und unsere Politik bestimmt. Jetzt sind sich selbst zurücknehmen und Rücksicht auf andere nehmen angesagt. Vielleicht gelingt es uns ja, etwas davon in die Zeit nach Corona zu übertragen, wenn wir die Zukunft neu gestalten. Dann liegt in dieser Krise auch eine Chance.

Pastor Jens Kieseritzky

Montag 30.3.2020

Klagen?

Ich weiß nicht, wie es Ihnen geht, aber ich kann nicht klagen: mein Beruf läuft weiter, und mein Gehalt auch. Gut, wir können nicht, wie nun eigentlich geplant, verreisen und die Kinder merken kaum den Unterschied zwischen Schule und Ferien. Wir unternehmen dafür mehr zusammen. Mit FreundInnen und meinen Eltern telefoniere ich häufiger, wir haben jetzt mehr Zeit dafür.

Ich weiß, dass es vielen nicht so geht, dass sie zu klagen haben! Dass sie sich sorgen um ihre Existenz, dass sie nicht wissen, wie es weitergehen soll, dass in Familien die Nerven blank liegen, dass Einsamkeit und Niedergeschlagenheit sich breit machen.

Wie alles trifft uns auch diese Corona-Krise sehr unterschiedlich. Aber ich spüre ein großes Wissen um diese Unterschiede und die riesige Bereitschaft, solidarisch zu sein. Die ganze Welt steht still, zum Schutz für uns alle. Das ist möglich! Wer hätte das gedacht!

„Wenn ein Körperteil leidet, so leiden alle Körperteile mit"
(1. Kor 12,26, Basisbibel).

Leute spenden Zeit und Geld, zahlen weiter an den Friseur, kürzen die Miete, um auszugleichen, dass wir die Corona-Krise unterschiedlich zu spüren kriegen.

„Es sind verschiedene Gaben, aber es ist ein Geist" (1. Kor 12,4). Einige nähen Schutzmasken, andere destillieren Desinfektionsmittel statt Gin, Gläubige ganz unterschiedlicher Religionen beten zusammen um Gottes Segen. Aus der Überzeugung heraus, dass wir als Menschen alle getroffen sind von diesem Virus und wir die Krankheit und ihre Folgen nur gemeinsam bewältigen können.

Pastorin Anja Kramer

Dienstag 31.3.2020

Worte gegen die Angst

Briefe und Postkarten zu schreiben ist heutzutage ziemlich „old-school" – auf Deutsch: altmodisch. E-Mails, SMS und WhatsApp-Nachrichten ersetzen schon lange das Schreiben per Hand. Höchstens zu Weihnachten oder aus dem Urlaub schreiben wir noch eine Postkarte.

Ich freue mich immer, wenn ich auch mal zwischendurch eine Postkarte bekomme (was leider viel zu selten passiert…).

In der Küche auf dem Esstisch kriegt sie dann einen Ehrenplatz.

Mehrmals täglich schaue ich auf das Bild, drehe die Karte gelegentlich um und lese den kurzen Text: „Ich denke an dich, du liebe Freundin…" / „schicke dir Herzensgrüße aus Bielefeld…" / „ich wünsche dir Kraft für diese besondere Zeit…" / „…hab' keine Angst, wir sitzen alle im selben Boot…".

Das tut gut. Besonders in diesen Zeiten. Ich spüre: ich bin nicht allein. Andere Menschen verbinden sich mit mir und ich bin in Verbindung mit anderen. Es ist ein großes Netz von guten Worten, das sich über die Angst legt.

Mein Vorschlag: Schreiben Sie – ganz altmodisch – drei Postkarten. Einfach so.

An alte Menschen, die zurzeit nicht das Haus verlassen können. An einen Schul- oder Studienfreund, von dem Sie schon lange nichts mehr gehört haben. Oder an Bekannte, die krank sind.

Worte der Zuversicht, Worte gegen die Angst.

Im Johannesevangelium sagt Jesus: „In der Welt habt ihr Angst, aber seid getrost, ich habe die Welt überwunden". (Johannes 16,33)

Pastorin Gudrun Lupas

Mittwoch 1. April 2020

ein Tau vom Schiff ans Land

„Ich werfe meine Fragen hinüber
wie ein Tau von einem Schiff ans Land.
Vielleicht ist einer da und greift herüber.
Vielleicht, vielleicht nimmt einer mich an meiner Hand.
Wenn Gott es ist, der meine Fragen auffängt und nicht lässt,
wenn Gott es ist, dann hält er mich mit meinen Fragen fest."

Dieses Lied von Ulrich Fick geht mir in den letzten Tagen immer wieder durch den Kopf. Dass es mir gerade jetzt einfällt, wo sich unser Leben durch die Corona-Epidemie so verändert, ist, glaube ich, kein Zufall. Der Text spricht von Fragen, Bitten und Angst.

Die haben wir jetzt auch:
Werde ich krank?
Bleibt meine Familie verschont?
Bitte, mach meine Großmutter gesund.
Bitte, lass mich meinen Arbeitsplatz behalten.
Hoffentlich geht das gut, in unserer kleinen Wohnung.
Ich habe Angst, dass er wieder zuschlägt.

Meine Fragen, Ängste, Bitten möchte ich gern auf festen Grund werfen. Dahin, wo es Antworten, Trost und Halt gibt. Doch so einfach ist das nicht. Da muss ja jemand sein am Ufer, einer muss das rettende Ufer sein. Und manchmal bin ich nicht sicher, ob da jemand ist. Manchmal weiß ich nicht, wo das ist. „Vielleicht ist einer da", heißt es in dem Lied.

Und dann passiert das, was Menschen auch beim Beten erleben. Aus Fragen, Angst und Zweifel wird Zuversicht. Zunächst nur im Text. Doch wenn ich das Lied vor mich hin summe, wächst die Zuversicht auch in mir:
„Wenn Gott es ist, der meine Fragen auffängt und nicht lässt,
wenn Gott es ist, dann hält er mich mit meinen Fragen fest."

Pastorin Silke Oestermann

Donnerstag 2.4.2020

Geduld schenkt Bewährung

Manchmal ist es wichtiger, zu warten als aktiv zu werden, Schmerzen zu ertragen als Pläne zu machen, nötiger, das Alleinsein zu bestehen als neue Menschen kennenlernen zu wollen.

Doch einfach ist es nicht, so geduldig zu sein.

Wir merken das auch jetzt. Etliche reden bereits von nötigen Plänen für die Zeit nach der Krise. Und sollten nicht wenigstens den Jungen die Beschränkungen erlassen werden? Die Risikogruppen, sprich die Alten, müssen halt in ihren Heimen und Wohnungen bleiben... Ich verstehe die Unruhe. Aber ahnt wirklich jemand, wie die Welt nach Corona aussehen wird? Und würde uns eine solche Entsolidarisierung unserer Gesellschaft bekommen? Zugegeben: Uns allen fällt das Warten schwer. Doch zugleich ist Geduld-Haben in der Bibel nie ohne Verheißung. „Geduld schafft Bewährung", sagt Paulus im 5. Kapitel seines Römerbriefes. „Bewährung", das ist ein spannendes Wort. Wir kennen es aus der Justizsprache: 1 Jahr mit Bewährung! Für mich heißt „Bewährung" in dieser Zeit: Ich weiß, dass ich auch in Krisen und Katastrophen nicht ohne Beistand bin. Und deshalb muss ich mich nicht unterkriegen lassen.

Tatsächlich haben viele von uns bereits die Erfahrung gemacht, dass Gott von uns nicht nur oft Geduld erwartet, sondern auch die Kraft dazu schenkt.

Dietrich Bonhoeffer schreibt:
„Ich glaube, dass Gott uns in jeder Notlage soviel Widerstandskraft geben will, wie wir brauchen. Aber er gibt sie nicht im Voraus, damit wir uns nicht auf uns selbst, sondern allein auf ihn verlassen. In solchem Glauben müsste alle Angst vor der Zukunft überwunden sein."

Pastor Jürgen Walter

Freitag 3.4.2020

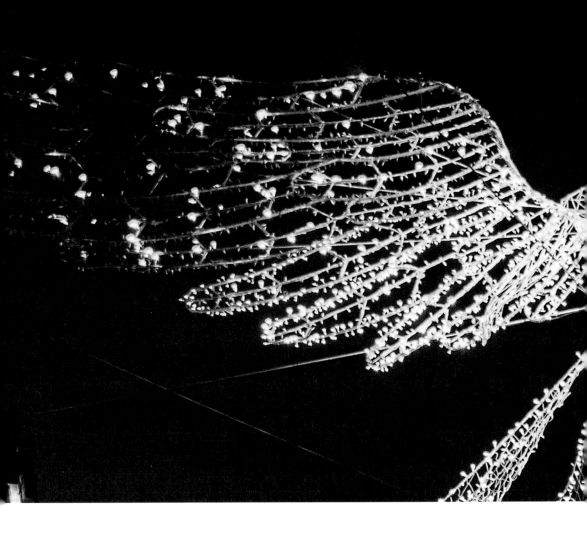

Von guten Mächten

Die Ratlosigkeit geht um:
Wann können wir unsere Ferien planen?
Wann kann man endlich das Geschäft wieder aufmachen?
Was wird mit Omas 90. Geburtstag? – und überhaupt, wann werden wir sie wieder besuchen können?

Irgendwie ohnmächtig fühlt sich das an.
Nichts machen können, macht ohn-mächtig.
Die Macht hat jetzt ein Virus. – So scheint es.

Ich merke, es tut nicht gut, wenn ich so denke.
Man muss schon aufpassen, dass man sich nicht mit Verzweiflung ansteckt, die ist ansteckend wie das Virus.

Da fängt in mir das Lied an zu singen:
„Von guten Mächten wunderbar geborgen
Erwarten wir getrost was kommen mag ..."

Dietrich Bonhoeffer, der Pfarrer und Widerstandskämpfer hat den Text des Liedes 1944 in aussichtsloser Lage geschrieben.

Ja, es gibt sie die *guten Mächte!* Ich spüre sie auf: in großer Hilfsbereitschaft und Solidarität in der Nachbarschaft, in unserer Kirchengemeinde. Ich spüre die guten Mächte in herzerwärmendem Mitgefühl für die alten Menschen unter uns, für Arme und Obdachlose – und für die vielen unermüdlichen Pflegekräfte in den Heimen und Krankenhäusern und für unsere Ärzte ... *die tun ja alles, was in ihrer Macht steht.*

Gottes gute Mächte umfangen unsere Ohnmacht, die Ratlosigkeit, das Leben und den Tod.

„Von guten Mächten wunderbar geborgen, erwarten wir getrost, was kommen mag. Gott ist mit uns am Abend und am Morgen und ganz gewiss an jedem neuen Tag".

Pastorin Elke Andrae

Sonnabend 4.4.2020

Wie ein Baum

Auf meinem Schreibtisch liegen zwei „To do-Listen", zwei Listen mit Dingen, die es zu erledigen gibt: auf der einen stehen Dinge, die ich jetzt erledigen muss, auf der anderen Aufgaben, die ich erst nach der „Corona-Zeit" tun kann.

Die zweite Liste wird immer länger. Vieles gibt es zu tun, wenn der Alltag erst wieder richtig losgeht: Menschen in der Gemeinde besuchen, Besprechungen nachholen, Termine für Taufen und Trauungen neu vereinbaren, Schuhe kaufen für die Kinder und noch vieles mehr. Die Liste ist lang!

Wenn ich die zweite Liste anschaue, werde ich manchmal ganz unruhig, zumal niemand weiß, wann ein normaler Alltag wieder möglich sein wird. Und wie die Zeit bis dahin sinnvoll füllen?

Auf meinem Schreibtisch liegt noch etwas. Ein Text von Dorothee Sölle, der mir in sorgenvollen Momenten wieder Ruhe und Zuversicht schenkt: „Träume mich, Gott, und ich will nicht vergessen, dass ich ein Baum bin, gepflanzt an den Wasserbächen des Lebens."

Ja, träume mich, Gott, lass mich entdecken, wie ich diese Zeit sinnvoll gestalten kann. Und erinnere mich, dass ich bei allem Tun und Lassen meine Kraft aus dir schöpfen darf, weil ich dein Baum bin, gepflanzt an den Wasserbächen des Lebens.

Im ersten Psalm heißt es: Wer sich Gott anvertraut, „der ist wie ein Baum, gepflanzt an den Wasserbächen, der seine Frucht bringt zu seiner Zeit, und seine Blätter verwelken nicht. Und was er macht, das gerät wohl." Psalm 1,3f.
Daran halte ich fest!

Pastorin Bärbel Bleckwehl-Wegener

Palmsonntag 5.4.2020

SCHLECHT GESCHLAFEN?

Wieder mehr gewälzt als gelegen? Wieder mehr gegrübelt als geruht? Und schlecht geträumt?

So wie mir geht es vielen in diesen Tagen. Sorgen kreisen, egal ob man früh oder spät ins Bett geht, ob mit einem Bier oder ohne. Die Gedanken kreisen. Wie soll es weitergehen?

Mein Geld wird weniger. Im Altenheim ist der Virus und ich kann nicht zu meiner Tante. In den Nachrichten Corona rauf und runter, jeden Tag neue Zahlen. Soll ich jetzt nur noch mit Maske rausgehen? Was soll ich bloß noch zwei Wochen lang mit den Kindern machen? Es macht mich wahnsinnig! Ich kann nicht schlafen!

Schäfchen zählen? Bringt nichts. Noch ein Bier? Ne, ich muss doch morgen wieder am Computer sitzen. Schlafmittel? Helfen nicht, keine Ahnung warum nicht.

Beten? Ich habe dem lieben Gott schon alles vorgejammert. Der weiß doch, wie es mir geht. Aber tief in meinem Hinterkopf ist etwas. Ein Psalm; früher mal gesungen, im liturgischen Gebet. Als Studenten haben wir uns Dienstagabends getroffen und das Nachtgebet, die Komplet gesungen. Darin kommt der Psalm 4 vor. Ich hab mich immer auf die letzte Zeile gefreut und bin damit nach Hause gegangen. Krieg ich die noch zusammen? Ja! „Ich liege und schlafe ganz mit Frieden; denn allein du, HERR, hilfst mir, dass ich sicher wohne." (Ps 4,9) Das wird jetzt mein Einschlaf-Mantra. Ich wiederhole den Vers so lange, bis ich es glauben kann: „Ich liege und schlafe ganz mit Frieden; denn allein du, HERR, hilfst mir, dass ich sicher wohne."

Pastor Dr. Ralph Hennings

Montag 6.4.2020

Tröstet, tröstet mein Volk

Ich bin schwer beeindruckt, welche Kreativität Corona freisetzt. Insbesondere die Kunst- und Kulturschaffenden, die von dem von der Bundesregierung ins künstliche Koma gesetzten gesellschaftlichen und sozialen Leben ganz besonders betroffen sind, entfachen in den sozialen Medien eine enorme Energie. „Wir stehen im Schach – aber wir sind nicht Schachmatt", wie der Hamburger Sänger Stefan Gwildis es ausdrückte. Überall lese und höre ich von sozialen Projekten und tollen Aktionen der Nachbarschaftshilfe: Gabenzäune für Obdachlose und Bedürftige, Einkaufsdienste und Telefonketten für alleinstehende Seniorinnen und Senioren. Großartig, mehr davon! Wir Deutschen können in Zeiten der Not doch mehr als Hefe, Mehl und Toilettenpapier hamstern.

Aber ich fürchte, dass die Stimmung schon bald kippen wird. Die Menschen sehnen sich nach Normalität. Sich nicht mit Freundinnen und Freunden treffen zu können, die Enkelkinder nur auf Skype oder Zoom zu sehen, nicht in einem Straßencafé die Frühlingssonne genießen zu dürfen – das ist hart. Das verärgert. Und dieser Ärger wird sich in den nächsten Wochen in der Schlange an der Supermarktkasse, auf dem Gehsteig vorm Bäcker oder auf dem Wochenmarkt Luft machen. In den sozialen Medien jedenfalls wird der Ton schon jetzt rauer.

Tröstet, tröstet mein Volk, spricht euer Gott. Redet mit Jerusalem freundlich. (Jes 40,1f)

Dieses Wort des Propheten Jesaja ist in die Kanzel der St. Marien-Kirche in Neuenkirchen/Land Hadeln geschnitzt – und seitdem ich von dieser Kanzel gepredigt habe, ist es mir Ansporn und Verpflichtung. Lassen Sie uns auch in den kommenden Wochen mit Freundlichkeit begegnen. Ein Lächeln überwindet die Zwei-Meter-Distanz locker.

Pastor Jens Kieseritzky

Dienstag 7.4.2020

Gottes Ja!

So viel Nein gerade in der Welt, so viel abgesagt, so viel nicht möglich. Nein, nein, nein. Und Unsicherheit rückt in den Vordergrund. Ich setze gerade deswegen auf Gottes Ja zu uns Menschen. Ein Ja, das in großen Teilen noch auf Einlösung wartet. Es steht noch was aus: Wo ist Gottes Ja in den überfüllten Flüchtlingslagern auf Lesbos? Was ist mit diesem Virus, das die Welt verändert? Gottes Ja zu seiner Welt, wo ist das nun zu erkennen?

Glauben heißt, das Ja Gottes mit zu sprechen, es zu leben. Glauben ist herausfordernd, weil er bedeutet, für das Ja einzustehen: Ja zu Gerechtigkeit und Frieden. Ja zu Unterstützung, wenn ich selbst in Not bin. Ja auch in aller Klage und bei allen Fragen. Glaube ist kein billiges „Ja, wird schon", sondern eine Lebensübung. Ein Ja, das trotzdem heißt, gerade jetzt, in Ängsten und Unsicherheit. Das Ja Gottes beinhaltet ein klares Nein zu Zerstörung und Egoismus, zu Demütigung und Chaos. Das kann jetzt bedeuten, auf Zusammenhalt zu setzen, dagegen, nur das eigene Wohl im Blick zu haben. Das kann heißen, auch jetzt auf die Einhaltung von demokratischen Grundrechten zu pochen. Dass ich daran mitarbeite aus diesem Ja heraus, bedeutet für mich Glaube an Gott. Dass ich daran glaube, dass niemand endgültig verloren ist, dass ich darauf vertraue, dass es letztlich gut ausgehen wird, auch wenn es zur Zeit vielleicht nicht danach aussieht. Es steht noch was aus. Solange im Namen Gottes Ja zu Nächstenliebe und Feindesliebe, zu Weitherzigkeit und Vertrauen.

Pastorin Anja Kramer

Mittwoch 8.4.2020

Stärkung auf dem Weg

So langsam geht mir die Puste aus.
Ich werde dünnhäutiger, schwerfälliger.

Fast vier Wochen schon dieser Ausnahmezustand –
und kein konkretes Ende in Sicht.

Mit Ungewissheiten kann ich schlecht leben. Dabei geht es mir eigentlich gut. Wie vielen in unserem Land. Ich muss an die Menschen in anderen Erdteilen denken, die unter dieser Krise wirklich zu leiden haben. Oder hier bei uns an die sechsköpfige Familie im Hochhaus in Hamburg-Wilhelmsburg, an die Einsamen, an die Kranken.

Eigentlich geht es mir doch gut. Aber wie schon gesagt – mit Ungewissheiten kann ich schlecht leben.

Auf einem langen Spaziergang, auf einer Wanderung, geht es mir ähnlich: Ich möchte wissen, wie lange es noch dauert, wohin der Weg mich führt. Ich habe gern das Ziel vor Augen.

Heute ist Gründonnerstag. Jesus feierte mit seinen Jüngern das letzte Abendmahl. Sein Weg war ein besonderer. Und doch – ist unser menschlicher Weg ähnlich: Wir müssen im Leben durch Ängste gehen, können dem Tod nicht ausweichen und – dürfen das Leben neu erfahren.

Jesus und die Jünger sitzen zusammen. Sie essen und trinken gemeinsam. Alle brauchen jetzt eine Stärkung.

„Ein Stück des Weges liegt hinter dir,
ein anderes hast du noch vor dir.
Wenn du verweilst, dann nur um dich zu stärken,
nicht um aufzugeben."
schreibt der Kirchenvater Augustinus im 4. Jahrhundert.

Ich gehe weiter.
Gestärkt.
Atme tief ein.
Meine Schritte werden leichter.
Ich bin zuversichtlich.

Pastorin Gudrun Lupas

Gründonnerstag 9.4.2020

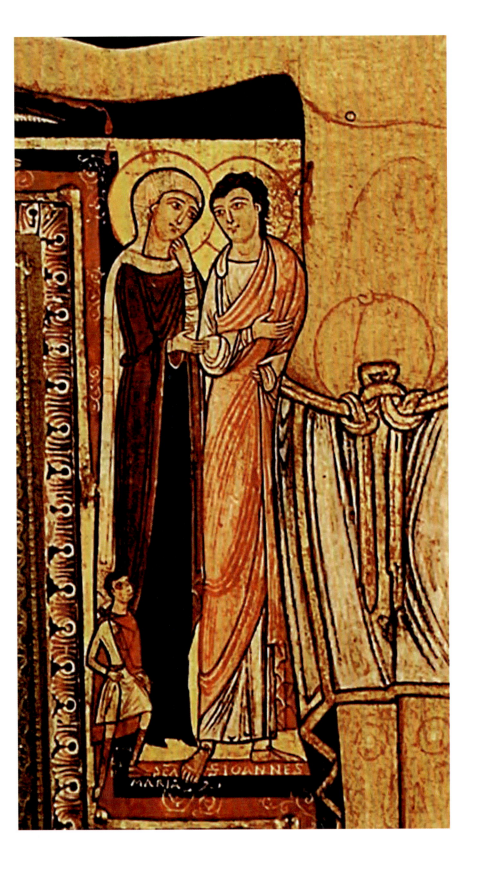

Karfreitag – Jesus leidet und stirbt am Kreuz

Trauer, Entsetzen, Schmerz. Das hat er, das haben seine Freunde gefühlt. Und auch nicht-verstehen, nicht wahrhaben wollen. Dass Leid und Tod wirklich sein müssen. Sogar Ärger auf Gott, der das zulässt.

All das fühlen wir heute auch. Weil wir unsere Freunde nicht sehen können. Weil das Geld wegen der Kurzarbeit nicht reicht. Weil die Insolvenz unausweichlich ist. Weil die Einsamkeit noch größer ist als sonst. Weil jemand leidet und stirbt. In einem Krankenhaus, in Syrien, in einem griechischen Flüchtlingslager.

Karfreitag heißt aber auch: Wir sind in unserm Schmerz nicht allein. Ein Wort, das Jesus am Kreuz gesprochen hat, weckt Mut und Zuversicht in mir. „Frau, siehe, dein Sohn – Siehe, deine Mutter". Jesus weist uns damit aneinander. Er will nicht, dass jemand in seiner Angst allein ist. Er möchte, dass wir unser Leben miteinander teilen und füreinander sorgen. Jesu Liebe zu uns verbindet uns miteinander. Darum werden wir Geschwister, oder Mutter und Sohn, Vater und Tochter füreinander.

Und erleben wir jetzt nicht genau das? Hilfe und einander Beistehen? Nachbarn, die einkaufen gehen, Menschen, die für Kulturschaffende spenden, Landwirte, die Schutzausrüstungen an Altersheime abgeben. Sicher kennen Sie alle solche Beispiele. Zeichen der Zusammengehörigkeit und der Solidarität. Weil wir verstanden haben, was wichtig ist: Dass wir einander wahrnehmen und beistehen. Nicht wegen Corona, sondern weil Karfreitag ist. Und Jesu Worte über seinen Tod hinaus Bestand haben: „Frau, siehe, dein Sohn – Siehe, deine Mutter".

Pastorin Silke Oestermann

Tiefpunkte

Was machen Sie, wenn Sie in Ihrem Leben an einem Tiefpunkt angelangt sind?

Durch eigene Schuld, durch andere Menschen hineingestoßen, durch schicksalhafte Entwicklungen. Am liebsten würden Sie alles wegschieben, verdrängen, übertünchen. Doch Sie kommen nicht drumherum, sich damit auseinanderzusetzen. Sich zu stellen. Heute ist Karsamstag. Der Tag zwischen Karfreitag und Ostern. Früher ist diesem Tag der Satz zugeordnet worden: „Hinabgestiegen in das Reich des Todes".

Jesus steigt hinab in das Reich des Todes, er fährt hinab in die Tiefe. Für mich bedeutet das: Es gibt keinen Ort, der außerhalb der Güte Gottes liegt. Gott sagt zu niemandem: Du bist mir zu weit weg, zu schmutzig, zu verlogen. Mit dir will ich nichts zu tun haben. Gott will mit uns immer zu tun haben. In jeder Situation unseres Lebens. Er macht keinen Bogen um unsere Heimlichkeiten und unser Versagen. Er kommt zu uns mit seiner Liebe. Und deshalb können mit Gottes Hilfe gerade die Tiefpunkte unseres Lebens Wendepunkte sein. Weil wir uns stellen, können wir umkehren. Und wachsen und uns entwickeln.

Die Mitte einer Nacht ist der Anfang eines neuen Tages. Bei Jesaja (Kap. 42,3) gibt es das wunderbare Wort: „Das geknickte Rohr wird er nicht zerbrechen!" Vielleicht sind Sie gerade an einem solchen Punkt in Ihrem Leben. Möglicherweise wühlt die Corona-Krise manches auf und Sie spüren: Damit muss ich mich endlich auseinandersetzen. Sagen Sie einfach zu Gott: „Du weißt, wie es um mich steht. Du kennst mich. Lass mich nicht allein. Hilf mir heraus!"

Pastor Jürgen Walter

Aufstand gegen den Tod

Ostern ist heute. Früh stehe ich auf, Trauer im Herzen.

Nichts erwartet mich. Nur die Sehnsucht.

Als ich zur Kirche komme, ist sie verschlossen.

Niemand ist da, nichts. Gähnende Leere.

Wie sehr vermisse ich die anderen, die mir am Herzen liegen.

Da erst sehe ich den Engel. Er lehnt an der Tür leicht wie ein Sonnenstrahl. Komm, sagt er und schaut freundlich in mein bekümmertes Gesicht. Komm! Ostern findest du nicht hier. Das Fest der Auferstehung findest du, wo das Leben gegen den Tod aufsteht. Der Engel beugt sich zu mir, er rührt mich leicht an der Schulter – ignoriert einfach den Sicherheitsabstand: Du weißt doch „Er ist nicht hier, Er ist auferstanden".

Geh los, schau dich um, sagt der Engel. Auferstehung begegnet dir heute in den Krankenhäusern auf der ganzen Welt, wo Ärzte und Pflegende sich mit allen ihren Möglichkeiten dem Tod entgegenstellen. Auferstehung wird dir begegnen, wo heute einer der anderen hilft, die gerade keinen Mut mehr hat, dass sie aufsteht und das Gesicht der Sonne zuwenden und weitergehen kann. Sieh dich um, sagt der Engel. Auferstehung wird dir da begegnen, wo die Liebe ist.

Aber die Liebe ist doch tot, wende ich ein. Liebe hätte ich im Ostergottesdienst gespürt und beim Osterfrühstück mit den anderen.

Weißt du denn nicht: Niemand kann die Liebe töten, sagt der Engel. Niemals. Die Liebe steht auf gegen die Angst und gegen den Tod. Sie ist überall! Gerade jetzt begegnet sie dir in unendlich vielen Gesichtern. Sie geht vor dir her und sie geht an deiner Seite.

Und horch mal: „Christ ist erstanden. Fürchte dich nicht!"

Pastorin Elke Andrae

Ostern 12.4.2020

OSTERN ERFAHREN

Ostern feiern wir, dass das Leben stärker ist als der Tod!

Wir feiern, dass lebensbejahendes Handeln am Ende stärker ist als jede todbringende Macht! Jesus Christus wurde vom Tod auferweckt, seine Kraft ist in uns und unter uns lebendig. Das können wir überall dort spüren, wo Menschen dem Leben dienen und nicht dem Tod. Da können wir Ostererfahrungen machen – auch heute!

So erfahre ich Ostern, wenn ich auf das Engagement des Bäckers und Menschenrechtlers Rüdiger Nehberg blicke, der am ersten April dieses Jahres verstorben ist. Gemeinsam mit seiner Frau Annette Weber gründete er den Verein „Target e.V." und setzte sich gegen Genitalverstümmelung an Mädchen und Frauen ein. Diese jahrhundertealte Tradition wird immer noch in einigen Ländern der Welt praktiziert und zerstört das Leben vieler Mädchen und Frauen.

Ich bewundere den Mut und die Entschlossenheit, mit dem das deutsche Ehepaar zu dem scheinbar unerreichbar großen und fernen Ziel aufgebrochen ist, in der Wüste Afrikas Lebenswichtiges für Frauen zu bewegen. Und tatsächlich haben sie viel bewegt, sogar mitten in der Wüste Äthiopiens eine Klinik aufgebaut, in der Frauen in ihrer körperlichen und seelischen Not Hilfe finden können.

Auch das ist für mich Ostern. Auch darin sehe ich ein Zeichen, dass das Leben stärker ist als der Tod! So wie der Evangelist Johannes Jesus sagen lässt: „Ich lebe und ihr sollt auch leben!" Joh. 14,9

Frohe Ostern!

Pastorin Bärbel Bleckwehl-Wegener

Ostermontag 13.4.2020

Laufen mit Geduld

Die Coronakrise wird ein Marathonlauf, sagen die Politiker. Ein Marathon? Ich sage, bloß nicht! Ich schaffe kaum hundert Meter im Dauerlauf, dann komme ich ins Pusten. Warum muss ausgerechnet bei einer Lungenkrankheit, die einem die Luft zum Atmen nimmt, ein Wort aus dem Leistungssport zum Slogan werden? Erfahren wir nicht gerade, dass etwas Anderes wichtig ist als schneller und weiter zu laufen? Jetzt brauche ich vor allem Geduld. Geduld in der Schlange vor dem Laden. Geduld mit mir selbst. Und ich brauche Disziplin. Die Disziplin des Verzichts. Keine Freunde treffen. Nicht zu den Großeltern fahren. Nicht am Telefon jammern, wie alleine ich mich fühle. Nicht aus lauter Langeweile dauernd nervige Videos posten. Einfach mal ruhig bleiben.

Ich halte mich an das biblische Motto zum Dauerlauf: „Lasst uns laufen mit Geduld in dem Kampf, der uns bestimmt ist" (Hebr. 12,1). Ich will nicht die Geduld verlieren. Ein Ende der Kontaktbeschränkungen ist noch nicht in Sicht, selbst wenn heute die Diskussion über „Lockerungen" richtig begonnen hat.

„Laufen mit Geduld..." Das scheint mir ein gutes Wort für diese Zeit zu sein. Besser als die Frage zu stellen, wann denn alles wieder normal wird. Es wird sowieso nicht wieder so wie vorher. Unser Leben hat sich verändert – aber tut es das nicht immer? Unser Leben ist ein langer Weg zu Gott. Er führt durch die Zeit und eine sich beständig wandelnde Welt. Lasst uns diesen Weg laufen mit Geduld!

Pastor Dr. Ralph Hennings

Dienstag 14.4.2020

Und täglich grüßt das Murmeltier

Haben Sie in diesen Tagen auch manchmal das Gefühl, Sie sitzen im falschen Film? Und zwar in einem ziemlich schlechten!? Das Haus ist geputzt, die Bücherregale sind ausgemistet und entstaubt, der Garten ist tipptopp. Ok, Keller und die Fenster muss ich noch – aber, wenn das so weitergeht, kärchere ich spätestens in zwei Wochen die Mülltonne.

In dem Film „Und täglich grüßt das Murmeltier" erlebt der amerikanische Schauspieler Bill Murray immer wieder den gleichen Tag. Alle Versuche, aus der Zeitschleife auszubrechen, scheitern. Schließlich fügt er sich in sein Schicksal und macht sogar aus der Not eine Tugend: Er nimmt bei einer älteren Dame Klavierunterricht. Die weigert sich zunächst ihn als Schüler anzunehmen, weil er vollkommen unmusikalisch und talentfrei ist. Da sich die ältere Dame am nächsten Tag aber nicht an ihn erinnert, steht Murray jeden Tag erneut an ihrer Tür und er erzielt nach ein paar Wochen ganz passable Ergebnisse auf dem Instrument.

Mich erinnert der Film an das Gleichnis der bittenden Witwe, die durch ihre Beharrlichkeit einen Richter dazu bringt, ihr zum Recht zu verhelfen (Lk 18,1-8). Mich ermutigt das Gleichnis, jeden Tag das Gespräch mit Gott zu suchen. Auch wenn mir bewusst ist, dass sich dadurch die Situation nicht von heute auf morgen verändern wird. Aber das Gebet hilft mir, mich in dieser Lage nicht hängen zu lassen, meine Gedanken zu strukturieren und jedem Tag sein eigenes Recht zu geben.

Ach ja: mit dem Trompetespielen sollte ich auch wieder anfangen. Zeit zum Üben habe ich mehr als genug – und besser als die Mülltonne zu kärchern, ist das allemal.

Pastor Jens Kieseritzky

Mittwoch 15.3.2020

Spazieren

Spazierengehen ist gerade sehr verbreitet, sogar Jugendliche sah ich mit ihren Eltern laufen. Wie habe ich damals gemeckert, wenn das auf dem Programm stand!

Nun sehe ich viele Menschen spazieren. Eine Möglichkeit, mal raus zu kommen. Eine Abwechslung. Und man trifft sich dabei im Viertel, kann auf Distanz ein paar Worte wechseln. Bei mir merke ich, dass mir Gehen guttut. Es ist langsamer als das Radfahren, ich kann meine Gedanken sortieren, ich nehme meine Umgebung mehr wahr.

Spazieren ist vielleicht eine Art Wiederentdeckung, wenn vieles andere nicht mehr geht. Es ist eine alte Freizeitbeschäftigung. Wenn gehen früher einfach eine Fortbewegung von A nach B war, bedeutete das Spazieren eben gehen aus Spaß, ohne großes Ziel. Ich habe gelesen, dass das Wort aus dem italienischen stammt und da „sich räumlich ausbreiten, sich ergehen" bedeutet. Gerade jetzt erschließt sich der Sinn, oder? Sich räumlich ausbreiten, eben nicht auf die eigenen vier Wände begrenzt zu sein. Und sich ergehen: Sich selbst in Bewegung setzen, vielleicht auch in mich zu gehen, mich zu erkunden.

Zwei Jünger sind unterwegs nach Emmaus, sie spazieren nicht, sie legen einen langen Fußmarsch zurück. Da schließt sich ihnen Jesus an, ohne dass sie ihn erkennen. Sie besprechen die Geschehnisse in Jerusalem nach der Kreuzigung dieses Jesus. Miteinander die Situation besprechen, das, was mich umtreibt und das, was mich trägt und aufstehen lässt, vielleicht kann das auch eine Wiederentdeckung sein in diesen Zeiten.

Pastorin Anja Kramer

Donnerstag 16.4.2020

Osterfreitag

Freitage haben es in sich. „Black Fridays" – schwarze Freitage gab es so manche in der Geschichte. Der bekannteste und bislang folgenreichste wohl der „Black Friday" 1929: Der Zusammenbruch der New Yorker Börse, der die Weltwirtschaftskrise auslöste.

Für abergläubische Menschen ist jeder Freitag ein Krisentag und Freitag, der 13. besonders. Am Freitag, 13. März 2020 wurden zur Eindämmung des Corona-Virus von staatlicher Seite aus einschneidende Beschränkungen des öffentlichen Lebens bekannt gegeben. Zufall?

Freitage haben es in sich. Karfreitag starb Jesus am Kreuz.

In diesem Jahr durften die christlichen Kirchen keine öffentlichen Karfreitagsgottesdienste feiern. Vor der Martin-Luther-Kirche in Oldenburg haben wir an diesem Tag ein großes, schwarzes Holzkreuz aufgestellt. Auf kleine Zettel konnten Menschen schreiben, worunter sie (momentan) leiden.

Am Ostersonntag wurden Blumen an das Kreuz gesteckt, begleitet von dem Gedanken: Was bedeutet für mich (in Coronazeiten) Auferstehung?

„Es wird nicht dunkel bleiben über denen, die in Angst sind" (Jesaja 8, 23).

Auf jede Nacht folgt ein neuer Morgen.

Auf Karfreitag – Ostersonntag.

Ich plädiere dafür, alle Freitage Osterfreitag zu nennen. Alle Freitage vom Licht der Auferstehung , vom Licht des Lebens her zu sehen.

Black Friday war gestern – Osterfreitag ist heute und – eigentlich jeden Tag.

Pastorin Gudrun Lupas

Freitag 17.4.2020

Osterkerze

Vieles ist selbstverständlich für uns. Erst wenn wir etwas verlieren, nehmen wir wahr, was wir gehabt haben. Das merken wir in diesem Jahr durch die vielen Einschränkungen wegen der Corona-Epidemie an ganz vielen Stellen. Mir fehlt zum Beispiel die Feier der Osternacht.

Aber mir ist in diesem verrückten Jahr auch etwas geschenkt worden. Am Ostermorgen bekam ich um 6.56 Uhr eine WhatsApp mit dem Bild der brennenden Osterkerze in der Lambertikirche auf mein Smartphone geschickt. Zum Frühstück habe ich die Osterkerze, die mir eine Freundin geschenkt hat, auf den Küchentisch gestellt und entzündet. Und am Nachmittag habe ich vor einer verschlossenen Kirchentür eine Tüte mit Osterkerze und Ostergruß mit nach Hause genommen. Diese Osterkerze steht jetzt auf meinem Wohnzimmertisch.

All die Kerzen verkünden mir die Osterbotschaft: Der Herr ist auferstanden. Schaue ich nun auf eine der Kerzen, weiß ich: Mein Gott lebt und macht auch mich lebendig. Mein Gott hat den Tod besiegt und wird mir in meiner Not beistehen. Zumindest die eine Kerze ist so groß, dass sie mich lange Zeit begleiten kann und mir immer wieder den Sieg des Lebens verkünden wird, wenn ich es brauche. Mit dem Licht von Ostern gehe ich nun zuversichtlich in das, was kommt.

Das wollen Sie auch? Kein Problem. Nehmen Sie eine Kerze (vielleicht gestalten Sie diese vorher), gehen Sie in eine der geöffneten Kirchen und zünden Sie ihre Kerze an der dort brennenden Osterkerze an. So nehmen Sie sich das Osterlicht mit nach Hause. Und dort kann es dann auch Ihnen leuchten.

Pastorin Silke Oestermann

Sonnabend 18.4.2020

Geschenk Alltag

Wie kommen wir schnellstmöglich wieder zurück in unseren Alltag? Wer fragt sich das nicht gerade? Aber ob die Rückkehr so hundertprozentig gelingen wird? Ob das Leben nach Corona genauso werden wird wie vorher? Ohne Impfstoff? Ein schnelles Zurück wünsche ich vor allem jenen, die sich gerade große wirtschaftliche Sorgen machen. Und wie eingeengt sind die Kinder zurzeit… Ja, eine baldige Wiederkehr des früheren Lebens wäre super. Zumal wir eines in diesen Wochen alle gelernt haben: Wie wunderbar ein Alltag ohne Corona ist:

Sich die Hand zu geben, auf den schrecklichen Mindestabstand zu pfeifen, Gesichter ohne komische Masken, am Tresen Bier trinken, quatschen über den Gartenzaun, das Büro, Kinder und Enkelkinder in den Arm nehmen, zusammen lernen dürfen, am Sonntag den Gottesdienst besuchen, unser Kirchencafé usw.!

Diese Einsicht werden wir auf jeden Fall mitnehmen. Und lange Zeit nicht vergessen: Auch unser ganz normaler Alltag ist wunderschön. Neulich las ich - und das bleibt aktuell: Mitten in einem minus 270 Grad kalten Weltall gibt es einen kleinen, blauen Planeten, auf dem Leben möglich ist. Mitten in der unendlichen Leere des Alls ist da in genau passender Entfernung eine Sonne, die Licht und Leben spendet. Mitten in einer 13 Milliarden Jahre währenden Weltgeschichte sind auf diesem kleinen, blauen Planeten Erde: wir - und begreifen, wie wunderbar alles ist. Mit Gott zusammen sagen wir: Es ist gut, dass es die Welt gibt, dass es Licht gibt. Es ist gut, dass wir staunen können. Danke, Gott!

Pastor Jürgen Walter

Sonntag 19.4.2020

GERMAN ANGST

Unheilspropheten haben zur Zeit Hochkonjunktur. Die einen prophezeien den Untergang der Wirtschaft, wenn wir die restriktiven Einschränkungen des öffentlichen Lebens weiterführen, die anderen sagen den Zusammenbruch des Gesundheitssystems voraus, wenn wir es *nicht* tun. Viele Menschen haben Angst vor der Zukunft. Angst zu erkranken, Angst vor dem Verlust des Arbeitsplatzes, Angst vor der wirtschaftlichen und gesellschaftlichen Entwicklung unseres Landes.

„Wir müssen unterscheiden zwischen Sorge und Angst," sagte der Göttinger Professor für Psychiatrie und Psychotherapie und renommierte Angstforscher Borwin Bandelow kürzlich in einem Interview des NDR. Die wenigsten von uns leiden unter Herzrasen und Panikattacken, wenn sie morgens die Zeitung aufschlagen. Die Menschen sind eher in Sorge. Ich finde diese Differenzierung wichtig und hilfreich, da sie die sicherlich vielfach berechtigten Sorgen der Menschen entpathologisiert und entmystifiziert und mir damit die Möglichkeit eröffnet, mich nicht in den Sog von apokalyptischen Phantasien und Spekulationen ziehen zu lassen.

Christus spricht: **„Sorgt nicht für morgen, denn der morgige Tag wird für das Seine sorgen. Es ist genug, dass jeder Tag seine eigene Plage hat."** (Mt 6,34)

Jesus redet in der Bergpredigt keinem geistlosen Fatalismus das Wort. Er fordert seine Zuhörer auf, bei aller Sorge um die Zukunft die Gegenwart nicht aus den Augen zu verlieren und sich darauf zu konzentrieren, worauf es jetzt ankommt: Auf den Schutz der Schutzbedürftigen in unserer Gesellschaft, auf die Unterstützung meines Nächsten, der meine Hilfe braucht.

Pastor Jens Kieseritzky

Montag 20.4.2020

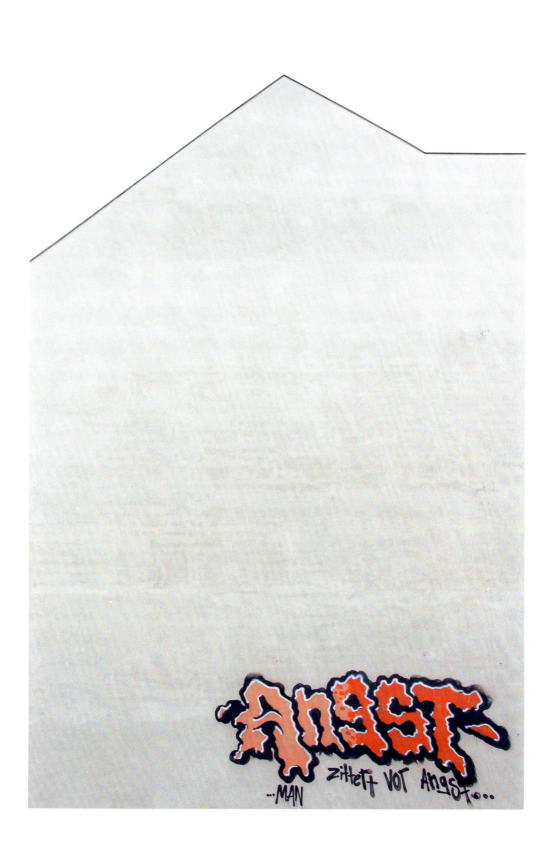

Besondere Zeiten

Viele Menschen erleben in diesen Wochen die Zeit anders als sonst: Der Selbstständige wartet, dass er sein Geschäft wieder öffnen kann, finanzielle Sorgen belasten ihn schwer. Ein Jugendlicher hält es kaum noch zu Hause aus, er will endlich wieder raus und Freunde treffen. Ein alleinstehender Mann in Frührente erzählt, dass er sich eingesperrt fühlt in seinen vier Wänden. Ihm fehlen die Besuche bei den Eltern und seine ehrenamtliche Tätigkeit. Eine berufstätige Mutter mit drei Kindern dagegen empfindet diese Wochen – „ehrlich gesagt" wie sie anfügt – als Geschenk. Kein Termindruck, endlich mal jede Menge Zeit mit der Familie, zum Spielen, zum Lesen …

Wie erleben Sie diese Wochen? Sind sie bei aller Einschränkung auch ein Geschenk oder eher nur Verzicht, nur Wartezeit für Sie? Mehr Gabe oder mehr Aufgabe?

Mir kommen die Worte des 31. Psalms in den Sinn: „Ich aber, Gott, hoffe auf dich. Meine Zeit steht in deinen Händen." (Psalm 31, 15f). Mir wird neu bewusst, dass diese Worte immer gelten, egal, was unser Leben gerade bestimmt: Sorgen und angespanntes Warten auf Normalität oder die Freude aneinander und wohltuende Entspannung. In Gottes Händen ist jede Zeit unseres Lebens aufgehoben.

In den Worten des Kabarettisten Hanns Dieter Hüsch klingt diese Erfahrung so:
„Ich bin vergnügt, erlöst, befreit.
Gott nahm in seine Hände meine Zeit,
mein Fühlen, Denken, Hören, Sagen,
mein Triumphieren und Verzagen,
das Elend und die Zärtlichkeit."

Pastorin Bärbel Bleckwehl-Wegener

Dienstag 21.4.2020

Corona creativ

In der Corona-Krise werden viele Menschen kreativ. Manche veranstalten erfolgreiche Konzerte am Wohnzimmerfenster, andere produzieren lustige Videos vom Leben in der Isolation, selbst Museen können inzwischen online besichtigt werden. Künstler nutzen ihre Kreativität dazu, Menschen Hoffnung zu geben und ein Lächeln hervorzulocken. So auch der Graffiti-Künstler, der unter einer Autobahnbrücke diese Neu-Inszenierung der Bremer Stadtmusikanten gesprayt hat. Spätestens wenn man auf dem Bild die Klopapierrolle entdeckt, muss man schmunzeln.

Die vier Tiere haben sich im Märchen auf den Weg nach Bremen gemacht, weil sie sich gesagt haben „etwas Besseres als den Tod finden wir überall". Das ist auch in der Corona-Krise so. Wir sind findig, wir finden etwas Besseres als den Tod! Humor und Kreativität sind dabei eine große Hilfe. Beides sind zum Glück unbegrenzte Ressourcen, sie werden nicht knapp wie zeitweise Mehl und Hefe. Sie sind Fähigkeiten, die uns schon immer geholfen haben, widrige Umstände zu überstehen. Humor und Kreativität helfen uns jetzt, Einsamkeit oder Langeweile auszuhalten. Sie helfen uns jetzt auch das zu tun, was im Film „Das Leben des Bryan" gesungen wurde: „always look on the bright side of life"! Auch in scheinbar aussichtslosen Situationen helfen ein Lächeln oder eine Portion Galgenhumor. Vielleicht lächeln wir jetzt mit den Augen hinter der Maske und erfreuen andere mit unserer Kreativität. Sei es beim Graffitisprühen, sei es beim Maskenbasteln.

Pastor Dr. Ralph Hennings

Mittwoch 22.4.2020

Denn es fährt schnell dahin, als flögen wir davon ...

Die vergangenen Wochen haben uns eine sonnige Zeit beschert. Wie schön wäre es, einmal wieder unbefangen an die Küste zu fahren und gegen den Wind zu laufen! Das geht noch nicht und fliegen schon gar nicht. Aber es scheint, als ob doch viel mehr Menschen draußen unterwegs sind, zu zweit spazieren gehen oder joggen, am Huntedeich oder an den Bürgerfelder Teichen. Erstaunlich oft ist in Supermärkten der Satz zu hören: „Machen Sie erst, ich hab Zeit! Menschen stehen geduldig in der Schlange und warten. Der Autoverkehr hat deutlich abgenommen. Die Krise sorgt bei aller Verunsicherung für eine Verlangsamung, schenkt neue Freiheiten, schenkt Zeit. Viele Verpflichtungen entfallen. Für viele ist es zu viel Zeit (vor allem für Kinder und für die, die unter Einsamkeit leiden) und dennoch sehe ich darin eine Chance. Als junge Frau hatte ich mir folgenden Satz ins Tagebuch geschrieben und nun wiederentdeckt: „Die Zeit ist keine Schnellstraße zwischen Wiege und Grab, sondern ein Platz zum Parken in der Sonne" (Phil Bosmanns). Das Virus führt uns vor Augen, wie fragil das Leben sein kann und wie kostbar das Leben ist. Jeder Tag, den ich erleben darf, ist von Gott geschenkte Lebenszeit. Dafür bin ich dankbar. Meine Zeit steht in seinen Händen. Wie kann ich meine Zeit unter diesen Umständen neu wahrnehmen und gestalten? Was bleibt davon in Zukunft? Was bedeutet der Umgang mit Zeit für Sie? Wo ist Ihr Platz zum Parken in der Sonne?

Pastorin Aliet Jürgens

Donnerstag 23.4.2020

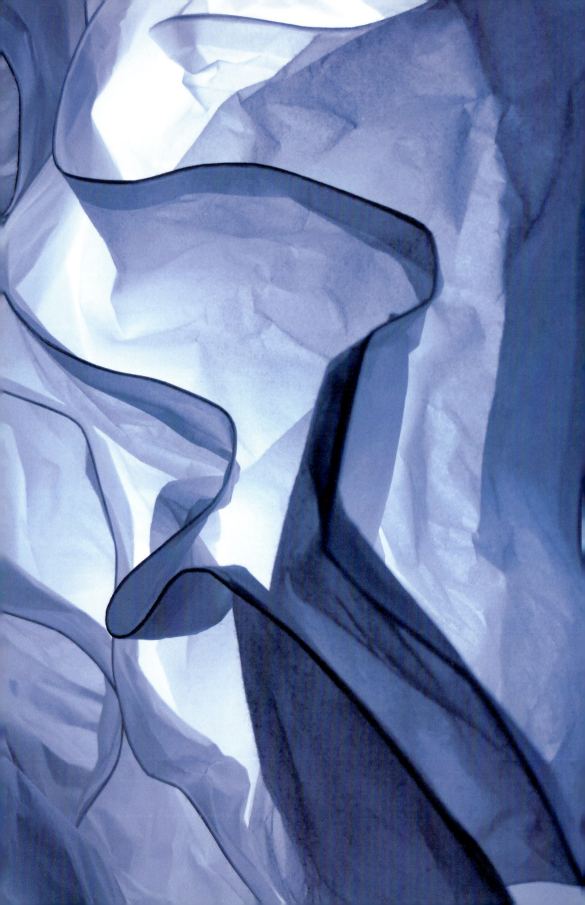

Langer Atem

Wir werden noch langen Atem brauchen, höre ich sagen. Du liebe Güte, denke ich. Ich bin keine gute Langstreckenläuferin. Da überrascht mich mein Atem unerwartet, während ich am Schreibtisch sitze.

„Warst du eben schon da?", frage ich.
„Ja klar", sagt er, und wirkt ganz entspannt.

Es ist ziemlich lange her, dass ich meinen Atem beachtet habe, er kommt mir irgendwie fremd vor.

„Was mach ich jetzt mit dir?", frage ich und beobachte, dass mein Atem ein Eigenleben führt. Besorgt frage ich mich, ob er lang genug ist und tief genug.

„Du störst!", meldet sich mein Atem und holt tief Luft. „Lass mich mal machen. Ich brauche deine Kontrolle nicht. Du kannst mir vertrauen. Ich war längst da, bevor du eine Ahnung davon gehabt hast, dass es dich gibt. Darf ich dich erinnern, dass Gott schon geatmet hat, bevor er mit der Schöpfung angefangen hat?"

„Jetzt fängst du an, grandios zu werden, lieber Atem."
„Ich bin grandios", sagt er. „Ich bin dein Leben. Durch mich bist du verbunden mit allem, was lebt. Ich bin in jedem Augenblick ein lebendiger Gruß von deinem Schöpfer."

Ist das so? Ist das mein Atem? Ich sehe ihm zu, als wäre er ein fremder Gast. Er wirkt beruhigend.

Und ich erinnere mich an ein Gedicht, das hat Kurt Marti geschrieben:

Mein Atem geht, was will er sagen?
Vielleicht: Schau! Hör! Riech! Schmeck! Greif! Lebe!
Vielleicht, Gott atmet mehr in dir als du selbst.
Und auch: In allen Menschen, Tieren, Pflanzen atmet Er wie in dir.
Und so: Freude den Sinnen! Lust den Geschöpfen! Friede den Seelen!

Pastorin Elke Andrae

Freitag 24.4.2020

Ostern nach Ostern

Ein Konfirmand, der sich nun Gottesdienste im Internet ansieht, fragte mich, warum denn nun immer noch Ostern Thema sei. Ostern ist für Christinnen Kernthema, vielleicht wird das zu wenig deutlich.

Dazu gehört als erstes: Karfreitag – Jesus stirbt, weil er eine Gefahr darstellte, politisch und religiös. Er vergilt dabei nicht Böses mit Bösem. Ich verstehe das so, dass Gott in Jesus das Böse überhaupt auslaufen lässt. Das Paradoxe, der Tod – sie laufen ins Leere. An Karfreitag machen wir uns immer wieder klar: *Leiden und Tod haben nicht das letzte Wort.* Gott schenkt uns so in Jesus eine neue Perspektive. Mit dem Glauben an ihn können wir mit dem Tod leben, ohne ihm alle Macht zu geben: Ja, der Tod gehört zu unserem Leben, das merken wir zur Zeit besonders. Aber trotzig dagegen an glauben wir an einen Gott, der Leben schenkt über den Tod hinaus.

Und wir können mit dem Leiden leben, ohne uns damit abzufinden: Wir können das tun, was in unserer Macht steht. Wir können mit der Schuld leben, ohne uns von ihr niederdrücken zu lassen, weil wir darauf vertrauen, dass wir immer wieder eine neue Chance erhalten.

In Jesus zeigt Gott an Ostern anderes Leben auf: Versöhnt mit Gott und damit mit sich selbst und anderen Menschen. „Lasst euch versöhnen mit Gott!", schreibt Paulus den Leuten in Korinth und uns ins Herz. Gnädig mit sich selbst zu sein, und gnädig mit den Menschen um uns herum. Aber eben auch Veränderungen einfordern, nach Zusammenhalt suchen, nach Hilfsmöglichkeiten suchen, die nicht an Landesgrenzen Halt machen. Deswegen ist Ostern auch nach Ostern wichtig.

Pastorin Anja Kramer

Sonnabend 25.4.2020

Ansichtssache

„Jedes Ding hat drei Seiten: Eine positive, eine negative und eine komische." Ein Spruch von Karl Valentin, dem Münchener Komiker und Kabarettisten.

Vor wenigen Tagen habe ich diese Worte zum ersten Mal gehört. Seitdem gehen sie mir nicht mehr aus dem Kopf. Das, was im Leben alles so passiert, auch von der humorvollen Seite zu betrachten, gefällt mir sehr. Humor hilft, Abstand zu gewinnen und die Dinge leichter zu nehmen.

Zur Eindämmung des Corona-Virus gilt ab morgen die Maskenpflicht in Niedersachsen: Das Tragen von Schutzmasken in Geschäften und im Nahverkehr. Ganz ehrlich – ich kann mich daran noch nicht gewöhnen. Ich verstehe die Notwendigkeit und zugleich meldet sich bei mir ein persönliches Unbehagen. Es fühlt sich so fremd, neu und ungewohnt an. So pendle ich zwischen der positiven und der negativen Seite hin- und her.

Aber – ha ! – da gibt es ja noch eine dritte Seite: Den Humor, die Situationskomik.

Auch Jesus spricht in einem Gleichnis von einem Kamel, das durch ein Nadelöhr hindurchgehen muss (nachzulesen im Matthäusevangelium, Kap.19,16-29). Das Thema, um das es hier geht, ist ernst.

Unsere Lage ist auch ernst. Aber nicht hoffnungslos. Darum werden wir alle ab Montag mit Gesichtsmasken herumlaufen: Weiße, schwarze, gestreifte, bunte, gekaufte und selbst genähte Masken. Eine bunte Maskerade.

Wir Niedersachsen können es also auch – und das nicht nur zur Karnevalszeit!

Pastorin Gudrun Lupas

Sonntag 26.4.2020

#andratuttobene oder „Alles wird gut"

Mitte März verbreitete sich in den sozialen Netzwerken in Italien der Hashtag #andratuttobene. Auf Deutsch „Alles wird gut". Italien war das erste europäische Land mit vielen Infizierten und Toten und einer strengen Ausgangssperre. Bald hingen bemalte Bettlaken mit diesem Spruch auch in der wirklichen Welt aus Fenstern und von Balkonen und vermittelten Mut in der Krise. Wer auf ein gutes Ende hofft, der hält eine Durststrecke, eine Krise leichter durch als einer, der auf ein Ende mit Schrecken wartet.

Die Wahrheit ist, es ist nicht alles gut. Weder in Italien noch bei uns. Wir geraten an unsere Grenzen. Menschen sind krank, sterben, das Geld wird knapp. Trotz Unterstützung sind viele Firmen und Selbständige von Insolvenz bedroht. Familien, die auf engem Raum leben müssen, werden über ihre Grenzen hinaus belastet. Die Einschränkung unserer Grundrechte lässt sich kaum ertragen. Andrà tutto bene, alles wird gut?

Auf dem bunten Schild, das in einem Geschäft unserer Fußgängerzone hängt, sehe ich einen Regenbogen. Für mich ist er nicht nur auf dem Schild, weil er es so schön bunt und fröhlich macht. In der Bibel ist der Regenbogen ist ein Zeichen Gottes. Nach der Sintflut schließt Gott einen Bund mit den Menschen und allen Tieren auf der Erde und verspricht: Solange die Erde steht, soll nicht aufhören Saat und Ernte, Frost und Hitze, Sommer und Winter, Tag und Nacht. Weil Gott das versprochen hat, habe ich auch jetzt Grund zu hoffen: Andrà tutto bene, alles wird gut!

Pastorin Silke Oestermann

Montag 27.4.2020

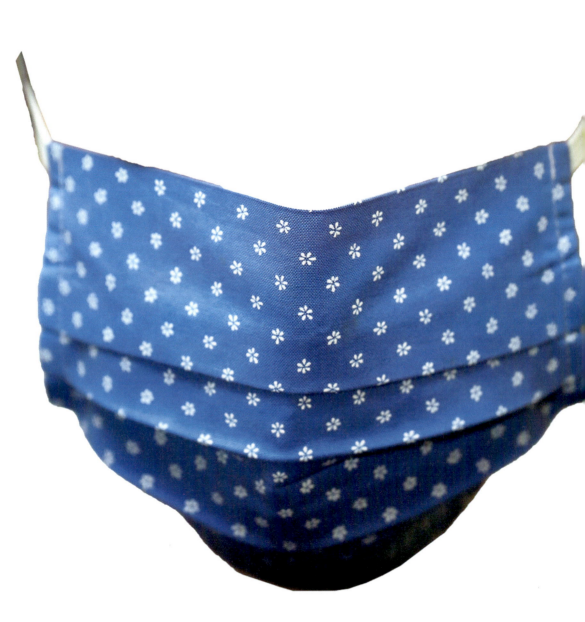

Schutzmasken

Seit gestern gilt Schutzmaskenpflicht in Niedersachsen. In Bussen, Bahnen und Geschäften. Erfreulicherweise haben viele angefangen, super schöne und witzige Mund- und Nasebedeckungen zu nähen. Wenn wir alle nur die aus der Apotheke trügen, kämen wir uns überall wie auf der Intensivstation vor. So werden wir wenigstens manchmal schmunzeln.

Trotzdem wünsche ich mir sehr, dass wir bald einen Impfstoff gegen Corona bekommen. Auch deshalb, damit uns die körperliche Nähe anderer nicht mehr verunsichert. Dabei ist doch das Zusammensein mit anderen vor allem erfreulich.

Auch in einer bekannten Bibelstelle ist von hilfreicher Bedeckung unserer Körper die Rede. Ich meine die Paradiesgeschichte. Zunächst helfen sich Adam und Eva mit Blättern. Die werden vermutlich nicht lange gehalten haben. Deshalb macht Gott selbst ihnen Kleidung aus Fellen, bevor die beiden das Paradies verlassen. Eine sehr zärtliche Geste von Gott, finde ich.

Zum einen geht es dabei sicherlich um Wärme. Menschen müssen gewärmt werden, körperlich und seelisch. Gott weiß das. Dann brauchen wir Kleidung zum Schutz. Es ist wohl niemand unter uns, der sich nicht vor Blicken anderer in sein Innerstes schützen möchte. Und wahrscheinlich geht es auch um unser Äußeres. Unsere Kleidung gibt uns ein vorteilhaftes Aussehen. Denn keiner und keine ist perfekt. Toll, dass wir das auch ein wenig kaschieren und uns schönmachen können.

Gott selbst umgibt und schützt uns jeden Tag. Vielleicht denken wir auch ab und zu daran, wenn wir jetzt mit Schutzmasken durch die Welt wandern.

Pastor Jürgen Walter

Dienstag 28.4.2020

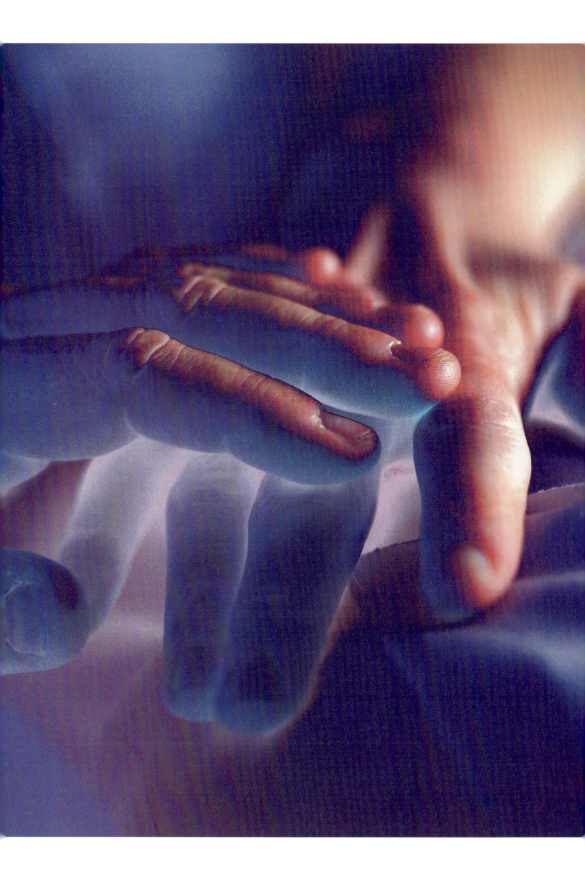

Sehnsucht

Während sich die Dinge um mich herum ihren Weg durch die neue Normalität bahnen, nimmt die Sehnsucht zu. Sie macht sich immer mehr breit. Sie sagt, sie kann nicht anders. In der alten Normalität konnte sie sich immer wieder einkriegen. Aber jetzt?

„Komm", sage ich, „sag, was ist los?"

Wie soll man das aushalten, wenn man allein ist und keiner kommt, und nimmt einen in die Arme! Wie soll man das aushalten, das Enkelkind nur per Video zu sehen als wäre es in einer anderen Welt? Ich vereinsame, sagt die Sehnsucht. Das Telefon ist gut, aber ich brauche es dringend, die anderen zu sehen. Ich brenne darauf, wieder mit ihnen zusammen zu sitzen, egal ob zu Kaffee und Kuchen oder mit einem Glas Wein. Die Hauptsache ist, zusammen!

Sehnsucht kann wehtun wie Heimweh und schwach machen wie Hunger und brennen wie Durst. Manchmal kommt es einem vor, als könnte man es keinen winzigen Augenblick länger aushalten.

Mein Gott, dich suche ich.

Meine Seele dürstet nach dir. Mein ganzer Leib verlangt nach dir wie trockenes dürres Land, wo kein Wasser ist. (Psalm 63,2)

Tatsächlich, das Land, der Boden, die Bäume, die Äcker sehnen sich, wie ich selbst und wir alle. Sehnsucht nach Wasser, Haut, Umarmung, Zuhause, Nähe, Weite.

Ja, und das rührt mich: In der Sehnsucht sind wir ganz nahe beieinander. Wir alle.

Pastorin Elke Andrae

Mittwoch 29.4.2020

Noch ist Zeit

Am Montag ließ mich das Zitat eines Politikers aufhorchen: In der Corona-Krise würde das Leben von Menschen gerettet, die in einem halben Jahr sowieso tot sein könnten aufgrund ihres Alters und ihrer Vorerkrankungen. Mit über 80 Jahren würde man halt irgendwann sterben.

Spontan habe ich mich gefragt, wie alt der Politiker ist, dass er im Gegensatz zu den meisten von uns vielleicht noch nicht erfahren musste, wie zerbrechlich das Leben für Menschen jeden Alters sein kann. Da sind die Unfälle junger Fahranfänger, da gibt es die Herzinfarkte derer, die mit dem Tempo unserer Arbeitswelt nicht Schritt halten können. Die Liste ist lang. Und da sind die über 80-Jährigen, die jeden Tag in vollen Zügen genießen. Es sei ihnen von Herzen gegönnt!

Auch wenn wir es gern vergessen, wir sterben nicht der Reihe nach. Und natürlich empfinden wir den Tod als unzeitig und unfair auch bei älteren Menschen, weil sie zu uns gehören und wir sie lieben.

Meine Lebenszeit ist begrenzt, zwischendurch denke ich daran und versuche das, was mir wichtig ist, nicht aufzuschieben. Das gelingt mir in der Corona-Zeit besser als in meinem normalen Alltag. Vielleicht gibt es ja etwas, das Sie für sich entdeckt haben in diesen Wochen, das Sie weiterpflegen möchten auch nach Corona.

„Geboren werden hat seine Zeit, sterben hat seine Zeit! … Da merkte ich, dass es nichts Besseres gäbe, als fröhlich zu sein und sich gütlich tun in seinem Leben." (Prediger 3)

Noch ist dafür Zeit!

Pastorin Bärbel Bleckwehl-Wegener

Kein Krieg gegen das Virus!

Ich bin unserer Bundeskanzlerin dankbar dafür, dass sie es in der Corona-Krise vermieden hat, eine kriegerische Sprache zu sprechen, wie man sie von anderen Regierenden hört. Es ist ja kein Krieg, den wir Menschen gegen ein Virus führen. Es ist auch kein Kampf, den wir gewinnen müssen. Es ist die Liebe zu anderen Menschen, die uns dazu treibt, zu Hause zu bleiben, Distanz zu Angehörigen zu wahren und auf liebgewordene Vergnügungen zu verzichten.

Liebe erfordert manchmal Verzicht.

Das war auch schon vor Corona so. Wer seine alten Eltern zu Hause pflegte, machte in dieser Phase des Lebens nicht die großen Karrieresprünge. Wer sich für die Arbeit in einem helfenden Beruf entschied, bekam keine Boni wie Manager.

In der Corona-Krise leisten wir Verzicht, weil wir andere Menschen lieben, und zwar besonders die Glieder unserer Gesellschaft, die sonst eher am Rande stehen: die Älteren und die Menschen, die sowieso schon mit Krankheiten zu kämpfen haben. In der Bibel hat Paulus das antike Bild vom Staat als Organismus aufgegriffen und spricht von einem Leib, den wir alle zusammen bilden. Und als ob er unser Handeln in der Corona-Krise vorausgesehen hätte, sagt er: „Die Glieder des Leibes, die uns schwächer erscheinen, sind die nötigsten; und die wenig ansehnlich sind, haben bei uns besonderes Ansehen. Gott hat den Leib zusammengefügt, auf dass im Leib keine Spaltung sei, sondern die Glieder einträchtig füreinander sorgen." (1. Kor. 12,12-27)

Pastor Dr. Ralph Hennings

Freitag 1. Mai 2020

Komm, lieber Mai, und mache...

Komm, lieber Mai, und mache die Bäume wieder grün … Da ist er nun, der Mai, und die Bäume werden gerade sehr grün. Die beschwingte Melodie von W. A. Mozart weckt die Erinnerung an Zeiten eines unbeschwerten Frühlings – gefühlt ist der letzte so lange her!

Dennoch weckt das Grün der Bäume und der Pflanzen Hoffnung. Grün ist die Farbe des Anfangs und der Hoffnung. Die Natur atmet zur Zeit auf, weil wir Menschen uns einschränken müssen. Die Luftverschmutzung nimmt ab, Flüsse werden sauberer, die Vögel haben den Himmel für sich. „Geht doch!", könnte Greta Thunberg sagen.

Hoffnung auf große Veränderungen brauchen wir uns wohl im Moment nicht zu machen, aber es täte gut, sich aus der Erstarrung zu lösen. Nicht erstarrt und traurig auf das verlorene Vergangene schauen, sondern die Chancen wahrnehmen. Zeichen der Hoffnung sehen: Neues keimt auf, seien es die gegenseitige Unterstützung und Sorge oder Ideen und Kreativität, wie Musik auf den Balkonen. Wenn Hoffnung manchmal auch schwer scheint, eröffnet sie den Blick auf die Zukunft. Weil Jesus Christus den Tod überwunden hat, sind wir zur Hoffnung berufen, ja, dazu verpflichtet. Ich habe die Hoffnung, dass die guten Erfahrungen der Krise fortwirken: dass wir besser aufeinander achten, dass Geschwindigkeit und Druck nicht alles ist, dass Gemeinschaft einen besonderen Wert hat. Nicht alles, was vor wenigen Wochen zur Normalität gehörte, möchte ich zurückhaben. Es darf gerne das zarte Grün manches Neuen weiterwachsen.
Ich hoffe das Beste!

Pastorin Aliet Jürgens

Sonnabend 2.5.2020

Ich schau dir in die Augen ...

Ich bin es gewohnt, bei Gesprächen meinem Gegenüber in die Augen zu schauen. Bei Konferenzschaltungen am Computer geht das aber nicht ohne Weiteres. Die Kamera sitzt etwas oberhalb des Bildschirms. Man müsste also direkt in die Kamera blicken, damit der Gesprächspartner das Gefühl hat, man schaue ihn an. Macht aber keiner – und so entsteht bei Videokonferenzen immer der Eindruck, der andere guckt mich nicht an. Knapp daneben ist eben auch in der digitalen Welt vorbei.

Ganz anders in der analogen Corona-Welt. Es ist schon schwierig genug, in den engen Supermarktgängen den Zwei-Meter-Abstand zu allen anderen Kunden einzuhalten; dass wir jetzt beim Einkauf auch noch Mund-Nase-Schutz tragen müssen, macht die Sache nicht einfacher. Denn der kleine Stofflappen hält nicht nur Schnött und Spucke zurück, er verschluckt auch einzelne Wortfetzen. Aus einem leicht genuschelten „Darf ich bitte durch?" wird im Ohr des Gegenübers schnell ein unverständliches „Bampf bimm burm?" Ich habe den Eindruck, dass viele jetzt auf nonverbale Kommunikation durch verstärkten Blickkontakt setzen.

„Die Augen sind das Fenster zur Seele", sagte Hildegard von Bingen. Allerdings verdeckt der Mund-Nase-Schutz auch die übrige Mimik des Gesichts. Lächelt mein Gegenüber, oder sind die Mundwinkel nach unten gezogen? Darum habe ich einen Feldversuch auf offener Straße gemacht: Ich habe den Menschen, die mir auf der Straße ohne Mundschutz entgegengekommen sind, tief in die Augen geschaut und sie angelächelt. Die meisten haben zurück gelächelt. Keine schlechte Erfahrung in diesen schwierigen Zeiten.

Pastor Jens Kieseritzky

Sonntag 3.5.2020

Gnade!

Gnade – schönes altes Wort, oder? Ich finde, etwas gnädig sein miteinander, ist gerade dran. Einige reagieren sehr scharf auf Vorschläge oder Ideen anderer, oder? In einer bedrohlichen unbekannten Lage auch verständlich, dass ich angespannt antworte, schnell etwas verwerfe, das andere an mich herantragen.

Gnädig miteinander sein, meint, so lese ich im Duden: wohlwollend, liebreich, huldvoll, barmherzig miteinander sein. Auch schöne alte Worte! Wichtig ist mir, dass dabei unser Verhalten nicht von einem Gefälle bestimmt wird, nach dem Motto: Ich weiß alles besser als Du! Sondern sich von dem Wissen leiten lassen, dass wir alle uns eben in einer bedrohlichen unbekannten Situation befinden. Da treten Ängste zutage, da haben wir alle keine Patentlösung. Also Gnade!

Wohlwollend sehen, dass andere versuchen, eine für alle gute Lösung zu finden. Reich an Liebe und Verständnis für die andere: die liegt bestimmt genauso oft wach und fragt sich: Was wird werden? Huldvoll – kann ich laut Duden so übersetzen: günstig vom anderen denken. Barmherzig sich selbst gegenüber, wenn die Waage jetzt ein paar Pfunde mehr anzeigt und die Frisur nicht so sitzt.

Gnade, weil ich spüre, was wirklich wichtig ist – sicher nicht das Aussehen. Gnade, weil es für niemanden gerade einfach ist. Gnade, weil es ums Ganze geht: Wie wir miteinander leben, wie wir entscheiden, wie wir Errungenschaften wie Demokratie und soziale Marktwirtschaft über die Zeit retten, aber auch die Menschenrechte und eben die Barmherzigkeit. Und dabei nehmen wir uns ein Beispiel an Gott: Barmherzig und gnädig ist der HERR, geduldig und von großer Güte.

Pastorin Anja Kramer

Montag 4.5.2020

Von der Zukunft ins Heute

Gedanken an die Zukunft lösen bei den meisten Menschen momentan eher Ängste aus. Die Bandbreite reicht von kleineren Dramen bis hin zu großen apokalyptischen Szenarien. Folgen der Corona-Krise sind ja auch jetzt schon spürbar: Konkursmeldungen von Betrieben, Kurzarbeit und der drohende Verlust von Arbeitsplätzen. Und das ist „nur" der Blick auf die wirtschaftliche Seite.

Aber auch Fragen wie: Was wird aus unseren Kindern? Ist ihre Ausbildung gesichert? Müssen wir von nun an mit dem Virus leben und immer Masken tragen? Wird die Welt je wieder so sein, wie sie war? Fragen, die in unseren Köpfen umherschwirren.

Der Trendforscher und Publizist Matthias Horx wirft einen optimistischen Blick in die Zukunft. Im Gegensatz zur Prognose lädt er zu einer Übung ein, der sogenannten „Regnose". Mit dieser Technik schaut er von der Zukunft aus zurück ins Heute.

Blicken wir z.B. im September auf das Frühjahr zurück, „werden wir uns wundern", so Horx „dass Verzicht nicht unbedingt Verlust bedeuten muss."

Oder: „dass die körperliche Distanz eine gleichzeitig neue Nähe geschaffen hat".

Dass Geld und Vermögen nicht mehr die primäre Rolle spielen, sondern „gute Nachbarn und ein blühender Gemüsegarten."

Ich finde, das ist ein sehr spannender Perspektivwechsel. Seit einigen Tagen versuche ich, mich darin zu üben- und merke, wie die Schwere weicht.

Mut macht mir auch dieses Hoffnungswort aus der Bibel:
Ich will euer Glück und nicht euer Unglück, spricht Gott.
Ich habe im Sinn, euch eine Zukunft zu schenken, wie ihr sie erhofft. (Jeremia 29,11u.12).

Ihre Pastorin Gudrun Lupas

Dienstag 5.5.2020

In Verbindung bleiben

Irgendwie ist in dieser Zeit nichts mehr normal. Da ist es umso wichtiger, dass wir Wege finden. Um uns zu verbinden und miteinander in Verbindung zu bleiben". Diese Worte höre ich in einem Werbespot im Fernsehen. Und ich denke: wie wahr! Nichts ist mehr normal und ob es je wieder so wird wie es mal war? Und ja, es ist wichtig in Verbindung zu bleiben. Aber wie, wenn man sich nicht sehen darf oder immer auf Abstand bleiben muss? Telefonieren? Mit Video oder ohne? Ein Brief? Ein Besuch am Fenster vor dem Altersheim? Geht alles, machen wir alle längst. Aber das reicht mir nicht. Ich sehne mich nach richtiger Nähe mit Menschen, nach einer echten Verbindung.

Die Bibel spricht von einer ganz besonderen Verbindung. Die ist ohne Begegnung wie wir sie kennen möglich. Ich bin der Weinstock, ihr seid die Reben. Wer in mir bleibt und ich in ihm, der bringt viel Frucht, denn ohne mich könnt ihr nichts tun." (Joh 15,5). Mit Jesus verbunden bleiben wie ein Weinstock mit den Reben. Weil eine Rebe nicht aktiv ist, kann auch ich mich einfach von Gottes Liebe durchströmen lassen. Vom ihm Kraft bekommen und mit seiner Hilfe wachsen und gedeihen. Ich muss einfach nur dranbleiben. Im Gebet, beim Bibellesen oder Gott auf andere Weise in meinem Leben Raum geben. Und dann werde ich seine Kraft in mir spüren, sagt er.

Das gibt mir auch Zuversicht für meine Verbindungen zu Menschen. Wenn ich da dranbleibe, dann werden sie bestehen bleiben und vielleicht durch diese Krise sogar wachsen.

Pastorin Silke Oestermann

Versuch und Irrtum

In Niedersachsen passiert gerade etwas Spannendes. Es gibt einen Stufenplan „in einen neuen Alltag mit Corona". Überlegt wird darin, welche Lockerungen der Einschränkungen wie und wann verantwortbar sind. Bei gleichzeitiger Wahrung des Infektionsschutzes. Und ausdrücklich wird gesagt, dass bei erhöhten Infektionszahlen es auch wieder zu Verschärfungen kommen kann. Versuch und Irrtum. Ich finde diese Art des Entscheidens, das dauerndes selbstkritisches Überprüfen einbezieht, vorbildhaft.

Ja, wir alle müssen uns dauernd umstellen. Und wir kennen auch das Problem, dass wir – wenn wir ehrlich sind – Fehler und Irrtümer nicht ausschließen können. Ganz selten ist etwas ganz klar. Vielleicht kennen Sie diesen Witz: Es gibt für jedes große Problem eine ganz einfache Lösung ... Und die ist meistens falsch!

Jesus hat einmal gesagt: „Ich bin der Weg, die Wahrheit und das Leben" (Joh 14,6,). Ich selber höre das als große Entlastung: Wir selber müssen zum Glück nicht „der Weg" sein. Allerhöchstens Menschen „auf dem Weg". Menschen auf dem Weg sind sehr wohl bereit, Verantwortung zu übernehmen. Sie treten engagiert für das ein, was sie als richtig erkannt haben. Aber sie schließen trotzdem nicht aus, dass auch die anderen recht haben können. Sie wissen daher, dass sie ohne die Möglichkeit von Umkehr und Vergebung nicht leben können. Und vor allem ist es ihnen wichtig, um Gottes gutes Weggeleit für sie selbst und andere zu bitten.

Pastor Jürgen Walter

Befreiung

Ich muss mal wieder mit Gott reden, denke ich. Ich weiß gar nicht mehr richtig, wie das geht. Beten kann man auch verlernen, wenn man immer im eigenen Kosmos lebt. „Hallo Gott", sage ich leise, und horche.

„Ich bin da", antwortet Gott aus dem Fliedergrün heraus. Ich bin verblüfft. Er klingt, als hätte er nur auf mich gewartet.

„Ach, das ist gut", fange ich an. „Also, es ist irgendwie schwer zu sagen, ich meine, das mit den Lockerungen jetzt ist ja schön. Da bewegt sich was. Aber befreiend ist das ja noch lange nicht. Jetzt geht es wieder los in den Schulen, und der Friseursalon hat wieder offen, aber das geht doch wirklich nicht mal so ganz locker. Was für ein Aufwand mit dem Tische rücken und Desinfizieren, Absperren und Kontrollieren. Immerhin, das ist schon befreiend, wenn die Haare wieder einen Schnitt haben.

„Ja, es ist gerade wirklich nicht leicht", antwortet Gott. Ich meine, ich höre ihn ein wenig seufzen. Das Seufzen nehme ich als Erlaubnis, weiter zu reden: „Weißt du eigentlich, dass wir Sonntag wieder in den Kirchen Gottesdienst feiern dürfen? Auch eine Lockerung nach all den Wochen. Aber wir werden nicht singen, weil Singen ansteckend sein kann. Wie soll das gehen, Gottesdienst ohne Singen? Das ist doch für mich das Wichtigste. Das Singen mit den anderen, das befreit mich". Anstelle einer Antwort höre ich die Amsel aus dem Flieder. Ihr anrührender Gesang besänftigt meinen Unmut. Ich lausche.

„Verstehe", höre ich Gott jetzt wieder, „du wünschst dir das schöne befreiende, leichte Gefühl." „Ja, was denn sonst?" Ich hoffe, dass Gott jetzt endlich einsieht, dass hier mehr passieren muss. „Hast du schon die Rosenknospe gesehen heute Morgen", fragt Gott. Ja, wieso? Ich bin irritiert. „Was meinst du, wie lange es dauern wird, bis sie sich öffnet"? Ich zucke mit den Schultern, keine Ahnung. „Sie wird jedenfalls ihre Zeit brauchen", höre ich Gott sagen: „so wie die Befreiung auch. Ich finde es immer aufregend, dabei zuzusehen, wie etwas ganz langsam passiert". Und im Übrigen „Alles ist dir erlaubt, aber nicht alles tut gut. Alles ist dir erlaubt, aber lass dich durch nichts gefangen nehmen". (1. Kor.6,12)

Jetzt scheint mir, Gott lächelt verschmitzt.

Pastorin Elke Andrae

Singen erwünscht!

Die gute Nachricht zuerst: Morgen dürfen wir in den Kirchen wieder Gottesdienst feiern! Das ist schön und ich weiß, wie sehr sich manche danach gesehnt haben.

Die weniger gute Nachricht: Es darf nicht gesungen werden, weil sich durch das Singen die Gefahr erhöhen würde, das Corona - Virus zu verbreiten. Und das am Sonntag, der den schönen Namen „Kantate!" trägt, also „Singt!"

Draußen ist es so herrlich jetzt im Mai. Es ist, als würde die ganze Natur singen und bei diesem Gesang wollen wir Menschen einfach mitmachen. Wie Paul Gerhard in seinem Lied „Geh aus mein Herz" dichtet: „Ich singe mit, wenn alles singt, und lasse, was dem Höchsten klingt, aus meinem Herzen rinnen."

Singen tut gut. Singen verbindet uns miteinander, nicht nur beim Gottesdienst, auch bei Familienfesten. Zu singen kann tröstlich sein. Das erlebe ich bei Trauerfeiern. Die Gemeinde trägt durch den Gesang eines vertrauten Liedes die Trauerfamilie durch das Schwere hindurch. Wie traurig es ist, wenn niemand mitsingt! Singen öffnet unsere Seele und bringt uns innerlich in Bewegung. Noch mehr als das gesprochene Wort, das Gebet, öffnet uns das Singen den Weg zu Gott. „Wer singt, betet doppelt", hat der Kirchenvater Augustin gesagt.

Also: Gottesdienst ohne Gesang? Eigentlich unmöglich. Aber solange es sein muss, singe ich eben weiter zuhause. Singe Gott mein Lied, in dem mein Leben klingt in all seinen Facetten! Singen Sie ruhig mit. Es darf auch schief sein!

Pastorin Bärbel Bleckwehl-Wegener

Sonnabend 9. Mai 2020

Sogar Gott braucht eine Mutter

Heute ist Muttertag. Ein Tag, an dem wir daran erinnert werden, dass wir alle einer Mutter das Leben verdanken. Das verbindet alle Menschen untereinander. Und seit Maria und Jesus von Nazareth verbindet es uns mit Gott. Gott wurde Mensch, und wurde von einer Mutter geboren. Die Initiatoren des Muttertags haben daran nicht gedacht, aber der Tag fällt in den Monat Mai, der in der katholischen Kirche dem Gedenken an Maria geweiht ist – reiner Zufall? Wahrscheinlich schon, denn der Muttertag begann in einer ev.-methodistischen Kirche in den USA, aber es ist ein gutes Zusammentreffen. In einer Welt, die von patriarchalen Strukturen dominiert wird, braucht die mütterliche Seite Wertschätzung. Heute – in Zeiten von Corona – richten die Altenheime neue Besuchszonen ein, damit die meist weiblichen Bewohnerinnen von ihren Kindern besucht werden können.

Die jüngeren Mütter bekommen heute hoffentlich kleine Aufmerksamkeiten von den Kindern, mit denen sie seit Wochen in häuslicher Isolier-Gemeinschaft leben. Die Leistung der Mütter, deren Kindern zu Hause leben, ist in dieser Zeit besonders groß, und sie wird sich voraussichtlich nicht rentieren. Die Karrieresprünge in der Krise machen Männer, die arbeiten gehen und sich als „unentbehrlich" erweisen. Dabei sind es die Mütter, die wirklich unentbehrlich sind. Das wusste auch Gott, als er in Jesus Christus zur Welt kam. Jesus entsprang nicht der Wade seines Göttervaters wie Athene, die von ihrem Vater Zeus auf diese merkwürdige Weise geboren wurde. Die Mutter hat ihr sicher gefehlt. Denn auch ein Gott braucht eine Mutter in dieser Welt.

Pastor Dr. Ralph Hennings

Sonntag 10.5.2020

Leise rieselt der Schnee ….

Eine Mutter erzählt mir von ihrem Sohn im Grundschulalter, der nun online Gitarrenunterricht hat: gerade übt er „Leise rieselt der Schnee" und singt dazu voller Inbrunst. Ein Weihnachts- und Winterlied, und das Anfang Mai. Das bringt mich zum Schmunzeln und ich kann es mir so richtig vorstellen. „Still und starr ruht der See." Unpassend? Bis vor kurzem kam es mir noch so vor, als würde alles still und starr ruhen, quasi eingefroren. Auch ohne Schnee und Eis. Langsam sind Veränderungen und Lockerungen möglich.

Noch ist Weihnachten weit weg, aber wer weiß, wie wir dann zurückschauen und welche Lehren aus der Erstarrung gezogen werden. War es eine Katastrophe oder war es vielleicht auch gut, zur Ruhe gezwungen zu werden? Sicherlich hat die Ausnahmesituation nicht allen gutgetan und für die meisten kommt die schrittweise Lösung aus der Starre einer Er-lösung gleich. Es hilft, ein Stück Normalität und Sicherheit wiederzugewinnen, besonders für Kinder. „Freue dich, Christkind kommt bald!" Da stecken Vorfreude und Hoffnung drin.

Auf Vieles musste in den letzten Wochen verzichtet werden und das war schmerzlich. Wenn nun also Erleichterung und Freude die anstehenden Veränderungen begleiten, dann sollten wir sehr bewusst wahrnehmen, was vor der Krise immer als selbstverständlich hingenommen wurde und eigentlich nicht ist. Was ist es wert, bewahrt zu werden? Jede Krise birgt die Möglichkeit der Veränderung. Wichtig ist, dass wir nicht in der Erstarrung verharren, sondern in Bewegung sind.

Pastorin Aliet Jürgens

Montag 11.5.2020

Zurück in die Zukunft

Nach acht Wochen Einschränkungen und Kontaktverbot hat wohl auch der Letzte die Nase gestrichen voll von Corona. Wir sehnen uns nach unserem normalen, gewohnten Leben zurück. Seit dieser Woche nun treten weitreichende Lockerungen in Kraft. Cafés und Restaurants dürfen unter strengen Auflagen den Betrieb wiederaufnehmen, die ersten Schülerinnen und Schüler kehren in die Schulen zurück und in den Kirchen dürfen wir wieder Gottesdienste feiern. Ohne Gesang, ohne Abendmahl, ohne Kirchkaffee im Anschluss, dafür mit Mund-Nase-Schutz und Abstand zwischen den Gottesdienstbesuchern – aber immerhin, wir dürfen feiern. Vielen Menschen gehen die Lockerungen zu langsam, aber genauso Vielen geht es zu schnell. Fest steht: Von einem normalen, gewohnten Leben sind wir noch weit entfernt. Corona wird uns noch lange beschäftigen und unser Leben nachhaltig verändern.

Ich frage mich, wollen wir in der Zukunft tatsächlich wieder zurück in unser altes Leben? Wollen wir zurück in die Geiz-ist-geil-Mentalität? Haben wir aus der Corona-Krise nicht gelernt, dass Krankenhäuser in erster Linie für die Gesundheitsversorgung da sind und nicht für die Finanzierung amerikanischer Rentenfonds? Zeigt uns nicht die prekäre Situation, in der sich viele Kunstschaffende in Deutschland zur Zeit befinden, dass es höchste Zeit ist, vorurteilsfrei und ergebnisoffen über ein bedingungsloses Grundgehalt zu debattieren?

Corona wird unsere Gesellschaft verändern. Es liegt an uns, sie im Sinne dessen zu gestalten, der uns aus der Zukunft entgegenkommt. „Vertraut den neuen Wegen, auf die uns Gott gesandt! Er selbst kommt uns entgegen. Die Zukunft ist sein Land." (Ev. Gesangbuch 395,4)

Pastor Jens Kiescritzky

Dienstag 12.5.2020

Ich glaube, hilf meinem Unglauben!

Neulich fiel mir die Jahreslosung wieder ein: „Ich glaube, hilf meinem Unglauben." So schwankend, so dazwischen fühle ich mich gerade: Ist diese Krise ein Zeichen von oben oder gar nicht? Hoffen oder zweifeln?

„Ich glaube, hilf meinem Unglauben!" Ein Vater bittet um die Heilung seines kranken Kindes. Er bittet das vor der Heilung, sein Glaube beruht nicht auf der Erfahrung der Heilung. Es ist Glaube auf Erfüllung hin. Glaube, der auch immer wieder von Zweifeln durchdrungen ist.

Es ist schwer, angesichts der Krise und ihrer Auswirkungen – egal ob weltweit oder ganz persönlich – nicht zu zweifeln. Es ist auch nicht immer einfach, aus dem Glauben genügend Kraft zu schöpfen, um unser Leben in Gottes Sinn zu verändern.

Die Jahreslosung ist für mich eine Einladung, nicht aufzugeben, sondern immer wieder neu um meinen Glauben zu ringen: Trotzig hoffen, dass Heilung möglich ist, dass Veränderung gelingen kann, Neuanfänge. Für mich, für die Menschen, die mir nahestehen, für unsere Gesellschaft und für unsre Welt.

Diese Jahreslosung spricht ein persönliches Verhältnis mit Gott an: Ich glaube, vertraue. Diese Worte verändern die Sichtweise, sprechen etwas aus, das vielleicht noch zögerlich klingt, versuchsweise: Ich glaube. – Diese Worte holen eine Kraft in unser Leben, setzen noch auf was Anderes. Wenn wir miteinander diese Worte aus dem Markusevangelium auch durch diese Zeit tragen, dann hüten wir miteinander und für diese Welt die Hoffnung auf Glauben, auf anderes Zusammenleben, auf die Chance in der Krise, dass es anders weitergehen kann als zuvor. „Ich glaube, hilf meinem Unglauben."

Pastorin Anja Kramer

Mittwoch 13.5.2020

Nach Hause kommen

Am vergangenen Sonntag durften wir zum ersten Mal nach vielen Wochen wieder Gottesdienste feiern. Für mich fühlte sich das wie ein „nach Hause kommen" an: Der vertraute große Kirchraum der Martin-Luther-Kirche, das Sonnenlicht, das sich in den Fenstern spiegelt, die Orgelmusik, die Farben und Geräusche, die Menschen, die ich wiedergesehen habe. So vertraut und doch fremd zugleich.

Es war, als ob ich von einer langen Reise wieder zurückkomme, nach Hause: Alles steht noch auf seinem Platz, es riecht vertraut, ich kenne alles und doch fühlt es sich irgendwie seltsam fremd an. Wir saßen auf Abstand, haben unsere Hände am Eingang desinfiziert und den Nasen-Mundschutz nach Betreten der Kirche wieder in unsere Tasche gesteckt. Wir haben uns nicht die Hände geschüttelt und uns nicht umarmt. Wir durften nicht singen. Der mir sonst so vertraute Kirchraum hat mir dann wiederum doch nicht die gewohnte Sicherheit geboten und zugleich hat er mich eingeladen, Vertrauen wieder zu wagen.

Und ich habe meine Sehnsucht gespürt: Nach Geborgenheit, nach Vertrautheit, nach Gemeinschaft, nach guten Worten, nach einer Umarmung – nach Gott.

„Wie lieb sind mir deine Wohnungen, Herr Zebaoth!
Meine Seele verlangt und sehnt sich nach den Vorhöfen des Herrn;
Mein Leib und Seele freuen sich in dem lebendigen Gott.
Der Vogel hat ein Haus gefunden und die Schwalbe ein Nest für ihre Jungen –
deine Altäre, Herr Zebaoth, mein König und mein Gott.
Wohl denen, die in deinem Hause wohnen, die loben dich immerdar." (Psalm 84).

Ich bin nach Hause gekommen.
Ich bin dankbar.

Pastorin Gudrun Lupas

Donnerstag 14.5.2020

Nimm dir, was du brauchst

Vor ein paar Tagen ging ich durch die Fußgängerzone. Die Sonne schien ganz wunderbar, aber so wie vor Corona, war es selbstverständlich nicht. Die Cafés und Restaurants waren noch geschlossen, noch nicht alle Geschäfte geöffnet. Und die wenigen Menschen, die sich in der Stadt bewegten, hielten deutlich sichtbar Abstand voneinander. Manche trugen auch auf der Straße das neue Trendaccessoire Mund-Nasen-Schutz.

Ich war kurz davor, trübsinnig zu werden. Da fiel mein Blick in einer Seitenstraße auf ein mit bunten Zetteln geschmücktes Tor. Ich ging zum Tor und las die Aufforderung „Nimm dir, was du brauchst". Und auf den bunten Zetteln mit vorbereiteten Abrissstreifen drumherum wurden mir erstaunliche Dinge angeboten: Liebe, Zusammenhalt, Arbeit, Zufriedenheit, Lächeln, Hoffnung, Geld, Glauben und vieles mehr. Meine trübe Stimmung war im Nu wie weggeblasen. Die Zettel zauberten ein Lächeln in mein Gesicht.

Aber so ein Papierstreifen ersetzt ja keines der Dinge, die uns jetzt so fehlen. In einer biblischen Geschichte hungert das Volk Israel auf seiner Flucht aus Ägypten in der Wüste. Da lässt Gott Manna vom Himmel regnen. Nimm so viel du brauchst, sagte er ihnen. Das machten die Israeliten und wurden satt. Dann sammelten sie mehr als sie brauchten und das Manna vergammelte. Die Geschichte sagt mir: Gott gibt mir so viel ich jetzt gerade brauche. Und die bunten Zettel am Tor waren an diesem Tag genau das, was ich gebraucht habe.

Pastorin Silke Oestermann

Freitag 15.5.2020

Verschwörungstheorien

Ist die Corona-Epidemie in Wahrheit ein Mittel dunkler Mächte, um unser Land kaputt zu machen? Ist das Ganze ein Trick, um die Bevölkerung unter Kontrolle zu bekommen? Wollen geheime Eliten mit Corona Geld scheffeln? Und sollten wir deren Treiben endlich durchschauen?

Solche Fragen und Gedanken geistern durch das Internet! Abstruse Verschwörungstheorien, die allerdings richtig Schaden anrichten können.

Wahrscheinlich halten mich Leute, die an solchen Theorien mitstricken, für ziemlich naiv.

Aber ich vertraue den Debatten in unseren Parlamenten, den Foren und Gremien und ihren nachvollziehbaren Ergebnissen. Ja, ich bin wirklich dankbar, dass in unserem Land die Lage immer wieder offen und kontrovers besprochen und gemeinschaftlich nach Wegen des Umgangs und der Einhegung der Pandemie gesucht und gefahndet wird.

Natürlich braucht es dafür Geduld. Es ist mühevolles Denken und Sich-Austauschen. Und es fehlen einfache Erklärungen, die angeblich alle komplizierten Ereignisse ganz einfach entwirren können. Aber wie abstrus sind diese Thesen und Verdächtigungen meistens!

Und wie wohltuend die nachvollziehbaren nüchternen Diskussionen in unserer Gesellschaft. Vielleicht würde der Apostel Paulus heute diese Begriffe im 13. Kapitel seines Römerbriefes wählen, um zum Ausdruck zu bringen, dass dies ebenfalls Mittel der Fürsorge Gottes sind.

Ihr Pastor Jürgen Walter

Sonnabend 16.5.2020

Leicht-Sinnig

Bloß jetzt nicht leichtsinnig werden, heißt es. Lockerungen ja, Leichtsinn nein. Dabei klingt das Wort Lockerungen so verlockend und erleichternd: Tu, was du willst! Atme auf! Geh mal wieder tanzen!

Bloß nicht leichtsinnig werden. Also gibt jeder und jede ihr Bestes: Zollstock, Zeit und Genauigkeit, um Regeln in Klassenräumen, Kirchen und Cafés einzubauen, die es noch nie gegeben hat. Dabei kommen mir die Regeln vor wie Möbelstücke, die ganz und gar unpassend sind und einfach nur im Weg stehen. Ständig stößt man sich daran. Ich muss die Maske aufsetzen, wir müssen den Mund halten und dürfen nicht singen, wir müssen noch jemanden abstellen, der darauf Acht gibt, dass die Leute nicht zu dicht in der Schlange vor der Toilette stehen. Leicht ist das nicht.

Ja, die unbequemen Regeln machen wirklich kein Vergnügen. Und besonders mühsam wird es, wenn ich mich anfange zu ärgern. Dann geht mir jede Spur von Leichtigkeit abhanden. Und ich sehne mich doch gerade nach Leichtigkeit.

Heute, am Sonntag werde ich in den Gottesdienst gehen. Ich werde meinen Unmut unterwegs über einen Gartenzaun hängen wie einen ausgedienten, verschlissenen Mantel, den keiner braucht. An vielen Regelungen vorbei werde ich mir den Weg zu meinem Sitzplatz in der Kirchenbank bahnen. In den großen Zwischenräumen zwischen den Menschen, die kommen werden, wird dieses Mal richtig viel Platz sein für Gott. Und wer weiß, vielleicht werde ich ihn hören. „Siehe, ich stelle deine Füße auf weiten Raum" (Psalm 31,9). Nimm's leicht.

Und es könnte doch auch sein, dass dieses Mal Gott singt – an unserer Stelle und für uns – hingebungsvoll.

Pastorin Elke Andrae

Das Bäumchen des Lebens

Letzte Woche bekam ich die knappe Nachricht einer Freundin: „Nächsten Sonntag hätte Marie Konfirmation gehabt." Dahinter war ein Emoji zu sehen, dem die Tränen nur so über das Gesicht rannen.

So, wie der Familie meiner Freundin, geht es gerade vielen: Sie sind enttäuscht, weil die Konfirmation und das von langer Hand geplante Familienfest nicht stattfinden können. Wie lange stand das Datum schon im Kalender? Wie sehr haben sich etliche darauf gefreut und sich darauf vorbereitet?

Ich nehme eine Karte zur Hand und schreibe Marie und ihren Eltern ein paar hoffentlich aufmunternde Worte und einen Text von Dorothee Sölle, den ich selber sehr mag: „Wünsche für eine Konfirmandin, anlässlich der Befestigung ihres Bäumchens im Leben", Wünsche, die uns allen gelten können:

Ich wünsche dir,
„dass du trinkst von dem alten Wasser der Erde ohne Bitternis,
dass die Vögel kommen, dir was vorzupfeifen und du antwortest in F-Dur oder a-Moll,
dass du wächst mit den anderen Bäumen einzeln frei und als Wald,
dass du Wurzeln schlägst in der Gerechtigkeit,
dass du dich streckst bis zu deiner anderen Heimat, dem Himmel."

Und die Feier der Konfirmation holen wir nach in der Kirche und zuhause!

Pastorin Bärbel Bleckwehl-Wegener

Maskenmüde?

Wahrscheinlich ist es die Vorschrift, die in der Corona-Zeit am meisten nervt. Man muss immer wieder eine Maske aufsetzen, „Alltagsmaske" oder „Mund-Nase-Bedeckung" heißt das liebevoll gebastelte Ding offiziell. Dennoch ist es eine Maske und es fühlt sich auch genauso an, denn die Mimik des Gesichts fehlt. Man kann Menschen zwar noch irgendwie erkennen, am Körperbau, am Gang, an den Haaren oder der markanten Brille, aber Mund, Nase, Lächeln, all das sehe ich nicht. Und so verhalten wir uns dann auch. Wir fragen nach: „Bist du es wirklich?", oder helfen uns mit Zeichensprache, anstatt zu reden. Dass man mit hochgezogenem Halstuch, einer Sonnenbrille und tiefgezogener Kapuze eine Bank betreten darf, erschien vor Monaten noch undenkbar, jetzt ist zumindest das Tuch oder die Maske erwünscht. All das tun wir – nur, um noch einmal daran zu erinnern – um andere Menschen vor ansteckenden Viren zu schützen, die wir noch unerkannt in uns tragen könnten. Das ist sinnvoll, keine Frage, aber schön ist es nicht. Wie so vieles in dieser Zeit, in der die harten Beschränkungen gelockert werden, aber es nicht so ist, wie es vor der Epidemie war. Eine Alltagsmaske zu tragen, gibt den gewohnten Alltag nicht zurück, der immer weiter in die Ferne zu rücken scheint. Und da sich auch noch nicht am Horizont abzeichnet, wie es denn in Zukunft sein wird, fehlt der Elan, sich dahin auszustrecken. So werden wir des Maskentragens müde. Manch eine hängt jetzt schon irgendwo rum – jemand hat sich davon befreit.

Pastor Dr. Ralph Hennings

Dienstag 19.5.2020

Kuckuck, Kuckuck, ruft's aus dem Wald

Während einer Radtour durch Felder und Wiesen am vergangenen Samstag hörte ich mehrmals den Kuckuck rufen. Es wird ja gerne behauptet, dass, wenn man dann gerade Geld in der Tasche hat, sich das ganze Jahr Geld in der Tasche befinden wird. Der Ruf des Kuckucks macht optimistisch. Der Frühling ist da! Winter ade!

Wenn der Kuckuck die anstehenden finanziellen Probleme mit den ausbleibenden Steuern und den Ausgaben für Subventionen lösen könnte – wie schön wäre das! Einfache Lösungen wird es nicht geben. Viele Familien und Geschäftsleute stehen jetzt mit dem Rücken an der Wand. Es ist davon auszugehen, dass die nachfolgende Generation noch schwer an den finanziellen Folgen der Krise zu tragen haben wird. Der Rettungsschirm kann gar nicht groß genug sein.

In den Städten sind denn auch die „Unkenrufe" zu hören. Immer noch werden Ängste geschürt. Auf den Demonstrationen werden Halbwahrheiten verbreitet und es wird Stimmung gemacht. Politische Gruppierungen sorgen für Unsicherheit und machen sich das wiederum zu nutze. Dagegen braucht es auch einen Rettungsschirm, allerdings einen der Nächstenliebe. Einen Rettungsschirm dergestalt, dass sowohl das Wohl des einzelnen Menschen im Blick bleibt, als auch das der Gemeinschaft. Den meisten Menschen gelingt das gut. Darüber bin ich froh.

Jesus sagt in der Bergpredigt: „Alles nun, was ihr wollt, daß euch die Leute tun sollen, das tut ihnen auch!" Oder: „wie es in den Wald hinein schallt, so ruft es heraus!" Geben Sie also gut aufeinander acht!

Pastorin Aliet Jürgens

Mittwoch 20.5.2020

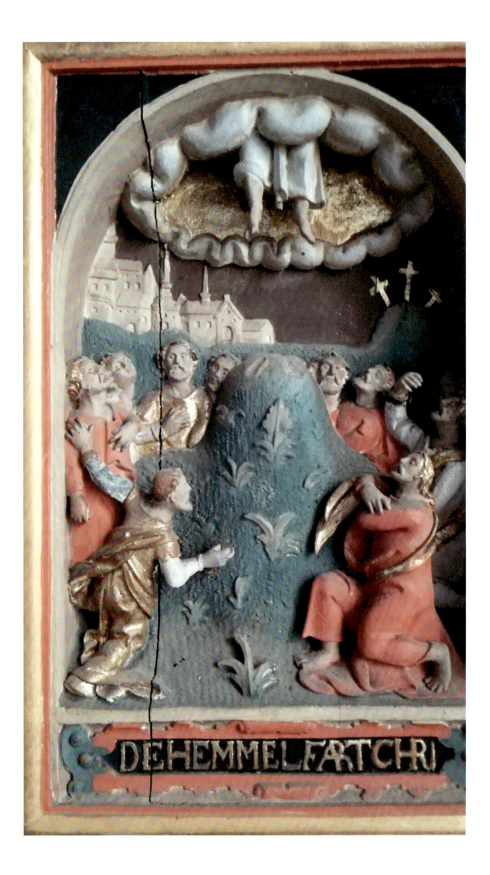

Über den Wolken …

… muss die Freiheit wohl grenzenlos sein, dichtete der Liedermacher Reinhard Mey 1974 und traf mit seinem Evergreen den Nerv einer ganzen Generation. Pauschal-Flugreisen waren für die Berliner damals undenkbar. Aufgrund des Vier-Mächte-Status durften bis zur Wiedervereinigung 1990 nur Fluglinien der Siegermächte die geteilte Stadt anfliegen. Erst im Jahr 1979 gründete der amerikanische Pilot Kim Lundgren die Air Berlin und flog am 28. April den ersten Charterflug von Berlin nach Palma de Mallorca.

Ob Flugeisen in diesem Sommer überhaupt möglich sein werden, kann zur Zeit noch niemand sagen. Nur eines steht fest: Wohin auch immer die Reise gehen mag – sie geht in ein anderes Corona-Land. Dabei sehnen wir uns doch alle nach grenzenloser Freiheit und würden nur zu gerne all diese vielen Regelungen und Verbote hinter uns lassen.

Von so einer Reise, die alle weltlichen Gesetze und Normen hinter sich lässt, erzählt die Himmelfahrt Jesu. Auf einem Holzrelief in der St.-Urbanus-Kirche zu Dorum hat der Bildschnitzer Michael Ringmacher die Himmelfahrt in Szene gesetzt. Aus der Wolke, die Christus in den Himmel bringt, schauen nur noch seine Füße heraus. Die Darstellung ist so herrlich unbefangen – man möchte Jesus am liebsten an den Füßen kitzeln.

Corona entkommen werde ich in diesem Jahr nicht – aber meine Sehnsucht, die kann ich auf die Reise schicken: Mit den Flügeln der Morgenröte bis ans äußerste Meer (Psalm 139,9).

Und wenn Sie auch noch nicht wissen, wohin in diesem Sommer – besuchen Sie doch einmal die schöne St.-Urbanus-Kirche im freien Land Wursten. Es lohnt sich!

Pastor Jens Kieseritzky

Christi Himmelfahrt 2020

Im Gespräch bleiben

Rogate – betet! So ist der Name des letzten Sonntags. Beten heißt: in Beziehung zu Gott treten. Ihn anrufen wie eine gute Freundin. Dazu ermutigt uns Jesus. Er bürgt mit seinem Namen dafür, dass diese Verbindung funktioniert. Jesus empfiehlt ein Gebet, das immer geht, wie eine Notrufnummer quasi: Das Vaterunser. Die Leitung steht jeder Zeit, könnte man sagen. Das Vaterunser, das Gebet, das Jesus seine Jünger und Jüngerinnen lehrte, dauert keine Minute und wird nun in Corona-Zeiten auch als Zeitmesser beim Händewaschen empfohlen. Und gerade in dieser Situation haben wir mit diesem vorgefertigten Gebet von Jesus Worte, wo Worte vielleicht fehlen. Worte, in die ich mich reinfallen lassen kann.

Jesus ermutigt uns außerdem, etwas kindlich zu sein. Nicht kindisch wohl gemerkt. Kinder äußern ihre Wünsche frei heraus. Sie wissen, dass sie auf Hilfe angewiesen sind und sie sind sehr offen für Geschenke. So sollen wir beten. Wir danken für das, was wir geschenkt bekommen haben. Wir sprechen unsere Wünsche aus und halten auch unsere Klagen nicht zurück. Gleichzeitig öffnen wir uns damit im Gebet für das, was auf uns zukommt. Wir richten uns auf die Zukunft aus. Wir glauben, es ist was möglich. Gerade auch jetzt: Wie kann es weitergehen, wenn nicht weiter so wie vor Corona?

Das Aussprechen hilft schon, es hilft der Angst, dem Zweifel und auch der Dankbarkeit und der Hoffnungen auf anderes Zusammenleben: solidarischer, gerechter, friedlicher, im Einklang mit der Natur. Im Gebet werde ich mir klarer, sammle mich, stammle manchmal, besonders in letzter Zeit. Erhalte so aber auch Elan, das Leben anzugehen.

Pastorin Anja Kramer

Freitag 22.5.2020

Freude

Wann haben Sie sich zum letzten Mal gefreut? So richtig, mit Leib und Seele? Eine Freude gespürt, die alles zum Schwingen bringt, die das Herz leicht macht und den Geist hell?

Vielleicht ist das schon eine Weile her. Oder auch noch länger. Die Corona-Wochen haben unsere Freude ziemlich auf Sparflamme gehalten. Sorgen und Ängste standen im Vordergrund, Unsicherheit und Verwirrung.

Vielleicht haben Sie aber auch gerade in diesen Wochen die Freude neu entdecken können: Eine Freude, die unabhängig ist von Freizeitaktivitäten, Reisen und Shoppen. Eine Freude, die sich anfühlt wie ein Schatz innendrin.

Meistens ist unsere Freude abhängig von schönen Ereignissen. Dann fühlen wir Freude, dann packt sie uns. Für mich ist Freude aber noch mehr als ein Gefühl. Ähnlich wie die Liebe ist sie eine Entscheidung. Ich kann mich entscheiden, mich zu freuen, unabhängig von dem, was gerade passiert und mir begegnet.

Das fällt oft schwer. Zu leicht lasse ich mich mitziehen von negativen Nachrichten oder von dem, was im Alltag so passiert.

An Himmelfahrt – so berichtet das Lukasevangelium – kehrten die Jünger voller Freude zurück nach Jerusalem. Sicherlich steckte in ihnen auch noch der Abschiedsschmerz, dass Jesus nun nicht mehr bei ihnen war. Doch ihre Freude ist größer. Jesus selbst hat einmal gesagt: „Euer Herz soll sich freuen, und eure Freude soll niemand von euch nehmen." (Joh.16,22).

Pastorin Gudrun Lupas

Sonnabend 23.5.2020

Corona und der Tod

Sterben ist in Corona-Zeiten nicht schön.
Kann Sterben denn überhaupt schön sein?

Ja, es kann so schön wie möglich sein. Wenn man Menschen fragt, was sie sich für ihr Sterben wünschen, dann sagen viele, ich möchte in Frieden, ohne Schmerzen und im Kreise meiner Lieben sterben. Offenbar gibt es also Vorstellungen davon, was gutes Sterben bedeutet. In Zeiten der Besuchsverbote im Krankenhaus und im Altenheim ist zumindest das Sterben im Kreise der Lieben schwierig. Es ist ein Akt der Mitmenschlichkeit, wenn eine Ehefrau ein Bett in das Zimmer ihres sterbenden Mannes geschoben bekommt und vom Klinikpersonal mitversorgt wird.

Beerdigungen sind in Zeiten von Corona auch nicht schön.
Können Beerdigungen denn überhaupt schön sein?

Ja, sie können so schön wie möglich sein. Wenn man Menschen fragt, was sie sich für ihre Beerdigung wünschen, dann sagen viele, ich möchte, dass es eine würdige Abschiedsfeier gibt und die Menschen kommen, die mir etwas bedeutet haben. In Zeiten der Corona-Einschränkungen durften bis vor kurzem Trauerfeiern nur im Freien mit maximal 10 Teilnehmer*innen gefeiert werden. Da ist es ein Akt der Menschlichkeit, wenn das Enkelkind, dass die Nummer 11 gewesen wäre, hinter einem Busch steht und es von niemandem gezählt wird.

Warum ist das wichtig? Weil ich nur einmal sterbe und ich nur einmal beerdigt werde – und das soll so schön wie möglich sein. Für mich und für meine Lieben.

Pastor Dr. Ralph Hennings

Sonntag 24.5.2020

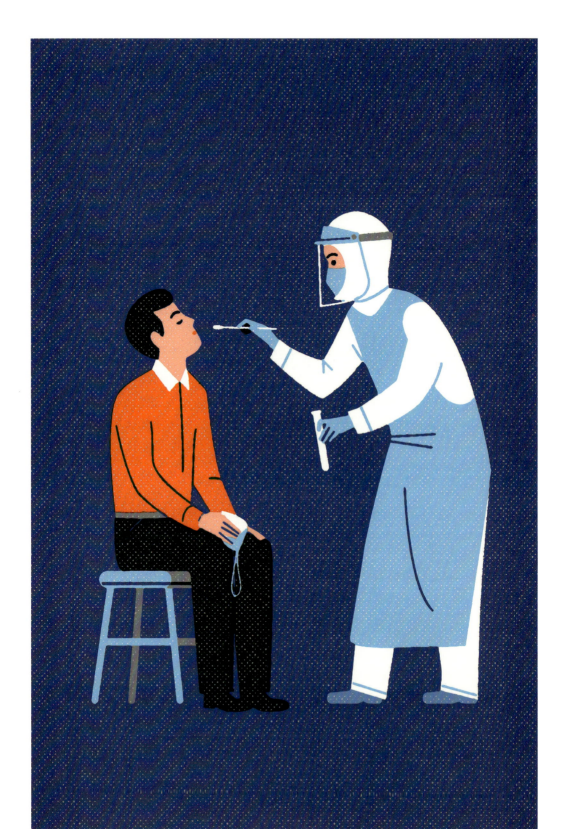

Bleiben Sie gesund!??

„…und bleiben Sie gesund!", so werden wir in letzter Zeit häufig verabschiedet. Selbst meine Telefongesellschaft projiziert diesen Wunsch regelmäßig auf das Display meines Smartphones. Gemeint ist, dass ich mich möglichst nicht mit Corona infizieren soll. Nun steckt in diesem Wunsch sicherlich viel Fürsorge: Ich möge achtsam sein. Die Hygieneregeln einhalten. Risiken aus dem Weg gehen. Okay! Aber dennoch stört mich die Formulierung!

Denn wer von uns ist wirklich so rundum gesund. Irgendetwas hat doch jeder und jede. Und da oft Besserung nicht in Sicht ist, kommt es eher darauf an, in den Grenzen unserer Gesundheit zuversichtlich und dankbar zu leben. „In Ängsten und siehe, wir leben!" (2. Korinther 6, 4ff), heißt es im Neuen Testament. Ein wohltuender Satz.

Ja, ich bin überzeugt: Wir werden unglücklich, wenn wir unsere „Gesundheit" immer auf den höchsten Thron heben. Das sollten wir selbst in dieser Corona-Zeit nicht tun.

Als Christenmenschen bezeichnen wir Gesundheit als hohes, aber nicht als höchstes Gut. Das höchste Gut ist dagegen die Erfahrung, dass wir in all unserem Gesundsein, aber auch in unserem Kranksein und vor allem mit unseren körperlichen und seelischen Wunden bei Gott geborgen sind. Und dass er uns zutraut, auch mit und in unseren Grenzen froh zu leben. Deshalb empfehle ich: Sagen wir lieber auch in Zukunft bei Verabschiedungen schlicht: „Auf Wiedersehen!" Das mag unspektakulär klingen, enthält einen Wunsch, der ohnehin viel verheißungsvoller ist als „Und bleiben Sie gesund!", nämlich sich wiederzusehen, und das ist meistens sehr schön.

Pastor Jürgen Walter

Montag 25.5.2020

Den Horizont sichten

Was haben eigentlich die vergangenen 9 Wochen aus mir gemacht, frage ich mich. (Natürlich können Wochen nichts aus mir machen.)

Ich bin aufmerksamer geworden, jedenfalls was Nähe und Distanz zu meinen Mitmenschen angeht: Rücksicht, Vorsicht, Umsicht, besonders zwischen den Regalen im Supermarkt. Aber ich übe auch noch.

Ich habe gelernt, dass meine durcheinandergebrachten Gewohnheiten sich doch auch an Neues gewöhnen können, auch daran, eine Maske zu tragen. Das ist mir nicht leichtgefallen, aber vielleicht bin ich doch etwas flexibler geworden. Flexibilität ist eine Eigenschaft, die ich schon immer bewundert habe. Sie macht das Leben irgendwie leichter.

Beschenkt hat mich ein Mensch mit seiner Ehrlichkeit. Erzählt hat er, wie er durch die Krise gelernt hat, wie leicht man ihm Angst einjagen kann. Das hat ihn selbst ganz überrascht. Irgendwann hat er angefangen

nach seinem verschütteten Vertrauen zu graben. Er hat erzählt, er hat es wiedergefunden.

Respekt und Mitgefühl habe ich gelernt durch Menschen, die bis heute tapfer mit ganz anderen Herausforderungen kämpfen als ich: Leben in den vier Wänden mit Homeoffice und der Dynamik von Kindern vor, in und nach der Pubertät. Und Leben in großer Sorge um die wirtschaftliche Existenz, ausgebremstes Künstlerleben zum Beispiel, und die Altenpflegerin, die trotz vieler Überstunden immer noch so liebevoll ist.

Diese Zeit fordert mich heraus und sie erweitert meinen Horizont. Leicht ist es im Moment trotzdem nicht. Jesus sagt: „Das Himmelreich Gottes ist schon jetzt da, mitten unter euch." (Lukas 17,21) Das hatte ich so nicht erwartet.

Pastorin Elke Andrae

Dienstag 26.5202

Besser warten

Glauben heißt manchmal Warten, Geduld haben.

Wir alle üben das Warten seit Wochen. Es fällt uns schwer, je länger, je mehr. Viele fragen sich, wann ist es wieder gut – also so wie vor Corona? Manche wollen das Ende aller Einschränkungen am besten sofort. Andere tragen ihre Probleme eher still: Die, deren Kurzarbeitergeld kaum reicht, um die Familie zu ernähren; die Mütter und Väter, die Arbeit und Kinderbetreuung irgendwie unter einen Hut bekommen müssen, und gleichzeitig mit der Angst leben, im Job abgehängt zu werden; psychisch Kranke, die ohne ihren vertrauten Alltag nur schwer zurecht kommen.

Glauben heißt manchmal warten, Geduld haben.

Am kommenden Sonntag feiern wir Pfingsten. Wir feiern, dass Gott uns seinen Geist schickt, der uns ermutigt und Hoffnung schenkt gerade in den Krisenzeiten unseres Lebens. Es macht einen Unterschied, ob ich nur warte, dass die Krise vorübergehen möge, oder ob mich im Warten eine Hoffnung trägt. Die Hoffnung, dass es gut werden wird, weil Gott es gut mit mir meint.

Gott gibt uns nicht auf – auch in dieser Krise nicht.

Beim Propheten Jeremia heißt es: „Gott spricht: Denn mein Plan mit euch steht fest: Ich will euer Glück und nicht euer Unglück. Ich habe im Sinn, euch eine Zukunft zu schenken, wie ihr sie erhofft." (Jer. 29, 11, Übersetzung „Gute Nachricht")

Im Vertrauen auf diese Zusage lässt es sich besser warten!

Pastorin Bärbel Bleckwehl-Wegener

Mittwoch 26.5.2020

FAKE NEWS

Die Meldungen von Donald Trump werden bei Twitter jetzt einem Fakten-Check unterzogen – und, siehe da, manches ist Unsinn, was der amerikanische Präsident in die Welt hinausposaunt. Es stimmt einfach nicht mit der Wahrheit überein.

Auch was wir in der fortschreitenden Corona-Zeit erleben, nähert sich Fake-News. Da wird jeden Tag irgendeine Lockerung verkündet – egal ob man das jetzt zu früh oder zu spät findet. Im Ergebnis ist das, was jetzt wieder möglich ist, nicht das, was den Namen verdient.

Schule? Da sind immer noch nicht alle Kinder und Jugendlichen. Und wenn, dann ein, zwei Tage pro Woche. Die einen überfordert, weil jetzt noch ganz schnell Noten gemacht werden müssen, die anderen unterfordert, weil sie zu Hause viel besser gelernt haben. Dazwischen Lehrer*innnen, die mit völlig auseinandergedrifteten Leistungen umgehen müssen.

Kindergarten? Wie soll man denn Abstands- und Schutzregeln einhalten, bei Kindern von 3-6 Jahren? Und wollen wir ernsthaft, dass die Kinder *das* fürs Leben lernen?

Schwimmbad? Nur das Außenbecken, ohne Umkleiden.

Shoppen gehen? Schon mal Pullover anprobiert mit Maske auf?

Vieles verdient den Namen nicht, das so als „Lockerung" angepriesen wird. Beim näherem Hinsehen stimmt es nicht mit der Wahrheit überein. Der weise Jesus Sirach sagt: „Gewöhne dich nicht an die Lüge; denn diese Gewohnheit bringt nichts Gutes." (Sirach 7,13)

Wir sollten die Dinge beim Namen nennen. Es ist noch lange nicht wieder alles so, wie man es sich wünscht.

Pastor Dr. Ralph Hennings

Donnerstag 27.5.2020

Komm, Heilger Geist, mit deiner Kraft!

Am Beginn der Krise fühlte es sich für mich so an, als würde mir die Luft abgeschnürt, die Luft zum Atmen genommen. Alles wurde untersagt, von der Kirchenleitung und durch staatliche Verordnungen. Mittlerweile ist einiges gelockert. Dafür sollen wir Masken tragen, die das Atmen auch nicht leichter machen. Wir werden wohl noch geduldig sein und einen langen Atem haben müssen, bis die Einschränkungen so gut wie ganz vorbei sind. Realistischerweise können wir nur die nächsten Wochen in den Blick nehmen. Langfristige Planungen sind schwierig.

Mein Vorbild ist Beppo Straßenfeger aus dem Buch „Momo". Er macht bei jedem Atemzug einen Schritt und bei jedem Schritt einen Besenstrich. Er fegt einen Stein nach dem anderen, eine ganze Straße lang. Er hetzt nicht atemlos auf das Ende der Straße zu, sondern lebt im Moment. Ganz bewusst. Er gerät nicht in Luftnot. Er hat Zeit zum Nachdenken. Er geht gut mit seiner Kraft um.

Das Pfingstfest erzählt davon, dass Gott seinen Geist über die Menschen ausgegossen hat. Sein Atem ist die belebende und lebensspendende Kraft. Das muss kein Sturmgebraus sein und ist manchmal nur ein kleiner Hauch. Ich glaube, dass er in der Atemlosigkeit nicht zu spüren ist, sondern in der Ruhe; da, wo sich jemand öffnet und Zeit nimmt. Allein oder mit anderen. Egal, ob in einer Kirche, im Haus oder draußen. Sein Atem gibt mir Kraft, wenn ich in Atemnot komme. Auf seinen Geist vertraue ich.

„Komm, Heilger Geist, mit deiner Kraft, die uns verbindet und Leben schafft!"

Pastorin Aliet Jürgens

Freitag 28.5.2020

Herr, gib mir Mut zum Brücken bauen

Überall in Oldenburg sieht man in diesen Tagen auf den Bürgersteigen Kisten mit Büchern, Kleidungsstücken und Küchenutensilien. „Zu Verschenken" oder „Zum Mitnehmen" steht auf den Kartons. Die Oldenburger Bürger haben Corona genutzt und ausgemistet. Statt die Dinge, die sie nicht mehr brauchen, in den Müll zu werfen, stellen sie die Sachen lieber an die Straße. Vielleicht kann ja jemand anderes damit noch etwas anfangen. Eine kreative Form des Recyclings, finde ich.

In Kiel hat man diese Idee noch einen Schritt weitergeführt. Fast alle Tafeln in Deutschland mussten den Betrieb wegen der Corona-Pandemie einstellen. Ausgerechnet den Bedürftigsten unserer Gesellschaft wurde damit eine wichtige Möglichkeit genommen, sich mit Lebensmitteln zu versorgen. In Kiel richteten die Bürger einen „Versorgungszaun" ein. Sie hängen Beutel mit Lebensmitteln, Hygieneartikeln, Kleidung usw. an das Geländer der Hörnbrücke, damit sich Obdachlose mit Lebensmitteln und Dingen des täglichen Bedarfs eindecken können.

Befürchtungen, dass sich auch Nichtbedürftige an den Spenden bedienen könnten, haben sich nicht bestätigt. Allerdings nutzen offenbar einige Kieler Bürger die Brücke, um jetzt dort ihren Haus- und Sperrmüll zu entsorgen. Idioten gibt es halt überall.

Für mich ist der Versorgungszaun auf der Hörnbrücke in Kiel ein ermutigendes Zeichen gelebter Nächstenliebe in schwierigen Zeiten. Und so singe ich fröhlich in Anlehnung an das Lied 612 im Evangelischen Gesangbuch:

Ich möchte gerne Brücken bauen,
wo alle tiefe Gräben sehn.
Ich möchte volle Zäune schauen,
mit vielen Gaben – wunderschön!

Pastor Jens Kieseritzky

Sonnabend 29.5.2020

Zuversicht auf Sicht bringt Aussicht

Auf *Sicht* fahren war in den letzten Wochen dran und ist es weiterhin. Etwas nebelig die *Aussichten*, wenig planbar und absehbar. Werden wieder größere Einschränkungen nötig sein, um das Virus in Schach zu halten oder kann es weitere Lockerungen geben? Die *Ansichten* sind vielfältig. Aber bei vielen Menschen hält die *Einsicht* weiter an, dass die *Vorsichts*maßnahmen richtig waren und sind. *Nachsicht* erscheint mir dabei wichtig im Umgang miteinander in diesen seltsamen Zeiten. Manche Fehler geschehen ohne *Absicht*, aus Versehen. Dass sich manche in dieser Situation zu *Aufsehern* und *Aufseherinnen* aufgeschwungen haben, mag ich gar nicht.

Vor allem erscheint mir aber wichtig, dass wir unser *Ansehen* gegenseitig nicht beschädigen, indem wir uns in Schubladen stecken, von Verschwörungstheoretikerinnen und Angsthasen. Wir glauben als Christ*innen, dass wir von Gott *angesehen* sind und bei ihm *Ansehen* haben. Wir hoffen auf sein *Nachsehen* mit uns. Er hat uns mit vielen Gaben *versehen*. Davon sind in den letzten Wochen auch viele zutage getreten: dass wir mit weniger leben können, dass wir teilen können, dass wir einander brauchen.

Und Gott hat uns mit seinem Geist *versehen*. Es ist Pfingsten geworden, ehe wir uns *versahen*. Wir haben versucht, mit diesen täglichen Worten auf *Zuversicht* zu setzen, auf Vertrauen und Hoffnung. „Meine *Zuversicht* ist bei Gott" sagt Psalm 62 – eben gerade bei wenig *Sichtweite* auf Gott hoffen, um atmen zu können, unter Masken, Wind in den Segeln zu fühlen, um eine *Aussicht* zu erhalten, auf Zukunft hin. Das wollen wir auch weiterhin mit unseren *Zuversichts*worten versuchen.

Pastorin Anja Kramer

Pfingsten 2020

Verbreitung der Worte der Zuversicht

Hier soll die Verbreitung der Worte der Zuversicht während der Corona-Zeit 2020 beschrieben werden. Die Verbreitung ist aber nur begrenzt nachvollziehbar, weil die Texte auch privat weiterverbreitet wurden, per Internet, per Brief oder auch durch Vorlesen.

Elektronische Medien

Als erstes Medium neben der Homepage der Kirchengemeinde haben die Oldenburger „Sonntagszeitung" und der „Huntereport", zwei Werbezeitungen, die in der Corona-Krise nur noch online erschienen, die Worte der Zuversicht übernommen. Sie haben ab Mittwoch, dem 25. März, die Texte täglich auf ihre Homepage gestellt[1].

Mit dem gleichen Datum startete auch das Kirchenradio Oldenburg[2] mit der Bereitstellung von Audio-Dateien. Die Pastorinnen und Pastoren haben ihre Texte jeweils selbst eingesprochen und als Audio-Files an das Kirchenradio gesandt. Das Foto, das zu jedem Text ausgesucht wurde, hat das Kirchenradio als optischen Aufmacher über die Audio-Datei gesetzt. Dieses Projekt haben die ehrenamtlichen Mitarbeiterinnen und Mitarbeiter des Kirchenradios bis zum 10. Mai, dem Tag, an dem wieder Gottesdienste in Oldenburg gefeiert werden durften, fortgesetzt.

Die Ev.-Luth. Kirche in Oldenburg hat die Audio Dateien des Kirchenradios täglich übernommen und jeweils auf ihrer Seite mit den Audio- und Video-Angeboten verlinkt[3].

Eine gegenseitige Verlinkung gab es mit den täglichen Video-Botschaften aus der Lambertikirche, die Tobias Götting eingespielt hat[4], beginnend mit dem Geburtstag Johann Sebastian Bachs am 21.3. und endend mit dem Ostersonntag am 12.4.2020.

Am 8. Mai berichtete das Kirchenradio in seiner monatlichen Sendung beim Oldenburger Lokalfunk Oldenburg Eins[5] eine Stunde lang über das Projekt „Worte der Zuversicht" und interviewte Pastorin Bärbel Bleckwehl-Wegener und Pastor Dr. Ralph Hennings.

Schaukästen, Wäscheleinen, Briefe

Für Menschen, die über Radio und Internet nicht erreicht werden konnten, wurden die Worte der Zuversicht ausgedruckt. In den Schaukästen der Kirchengemeinde hingen die Texte großformatig aus, so dass sie gut lesbar waren.

Da die Bewohnerinnen und Bewohner von Altenheimen besonders unter der Isolation zu leiden hatten, wurden einige Heime mit ausgedruckten Texten versorgt. Sie wurden täglich in die Altenheime Lambertistift, Elisabethstift und Bischof-Stählin gebracht.

Selbst in einer Bäckerei-Filiale lagen die Worte der Zuversicht ausgedruckt aus.

Für Menschen, die in häuslicher Isolation lebten und keinen Zugang zum Internet hatten, haben im Bezirk der Oldenburger Christuskirche ehrenamtliche Mitarbeiterinnen die Worte der Zuversicht am Telefon vorgelesen.

---

1 www.nordwest-sonntagsblatt.de
2 www.kirchenradio-oldenburg.de
3 www.kirche-oldenburg.de
4 www.lamberti-kirchenmusik.de
5 www.oeins.de

Ausgedruckt hingen die Worte der Zuversicht zum Mitnehmen auch auf mehreren Wäscheleinen vor folgenden Kirchen St. Lamberti-Kirche, Christuskirche, Martin-Luther-Kirche und St. Ansgar Eversten. Menschen haben sich die Texte von den Wäscheleinen mitgenommen.

Private Verbreitung

Dieser Bereich ist nur sehr schwer zu dokumentieren, aber einige Einblicke sind dennoch möglich. So hat zum Beispiel jemand ein Wort der Zuversicht in einem Aushang gesehen und es dann direkt auf elektronischem Wege weiterverbreitet.

> „Der Aushang von Pastorin Elke Andrae („abgesagt – angesagt") war ein Glanzpunkt, abfotografiert und vielfach verbreitet über WhatsApp hat er viele Menschen über die Grenzen des Oldenburger Landes hinaus berührt und begeistert."

Es gibt auch ein anderes belegtes Beispiel für die private Verbreitung:

> „Ich war so dankbar für die Worte der Zuversicht, dass ich den Link weitergesendet habe: nach München, Mülheim, Hamburg, Stockholm, Bentheim und Elze. Von überall dort lesen also jetzt Menschen diese Worte mit uneingeschränkter Zustimmung und Dankbarkeit (trotz unterschiedlicher Einstellung zu Kirche und Religion!). Meine Schwester in Bentheim hat den Link über die dortigen kirchlichen Nachrichten weiter versendet."

Einige Menschen haben das tägliche Wort der Zuversicht als ihre persönliche Statusmeldung bei WhatsApp gepostet.

Resümee

Die Worte der Zuversicht haben sich in der Situation der Corona-Krise als ein stark nachgefragtes Mittel der Verkündigung bzw. der Seelsorge erwiesen. Abgeleitet von der Homepage und von Ausdrucken haben Text und Bild jeden Tag den Weg zu sehr vielen Menschen gefunden. Auch in der Zeit der schärfsten Ausgangsbeschränkungen, ist es auf diesen Weise gelungen, Zuversicht zuzusprechen. Dieser Impuls wurde aufgenommen und Zuversicht weitergegeben – mit Vorlesen, Weiterleiten oder dem Teilen in sozialen Netzwerken. Auf diese Weise war das Evangelium auch in einer schwierigen Zeit und unter widrigen Bedingungen unterwegs zu den Menschen.

Bildnachweise

Donnerstag 19.3.	Ralph Hennings
Freitag 20.3.	Jason Briscoe	unsplash.com
Sonnabend 21.3.	Jasmin Sessler	unsplash.com
Sonntag 22.3.	Jordan Whitt	unsplash.com
Montag 23.3.	Delaney Boyd	unsplash.com
Dienstag 24.3.	Fey Marin	unsplash.com
Mittwoch 25.3.	Maike von Kajdacsy
Donnerstag 26.3.	Jim Reardan	unsplash.com
Freitag 27.3.	Ralph Hennings
Sonnabend 28.3.	Toa Heftiba	unsplash.com
Sonntag 29.3.	Ralph Hennings
Montag 30.3.	Jusdevoyage	unsplash.com
Dienstag 31.3.	Tim Mossholder	unsplash.com
Mittwoch 1.4.	Debby Hudson	unsplash.com
Donnerstag 2.4.	Ralph Hennings
Freitag 3.4.	Javardh	unsplash.com
Sonnabend 4.4.	Luke Stackpoole	unsplash.com
Palmsonntag 5.4.	Ralph Hennings
Karmontag 6.4.	Ralph Hennings
Kardienstag 7.4.	Jens Kieseritzky
Karmittwoch 8.4.	Alexa Fotos	pixabay.com
Gründonnertag 9.4.	Ralph Hennings
Karfreitag 10.4.	Jon Tyson	unsplash.com
Karsonnabend 11.4.	Karim Manjra	unsplash.com
Ostern 12.4.	Aaron Burden	unsplash.com
Ostermontag 13.4.	Sharon Mc Cutcheon	unsplash.com
Osterdienstag 14.4.	Martins Zemlickis	unsplash.com
Ostermittwoch 15.4.	Pascal Mauerhofer	unsplash.com
Osterdonnerstag 16.4.	Ralph Hennings
Osterfreitag 17.4.	Gudrun Lupas
Ostersonnabend 18.4.	Silke Oestermann
Sonntag 19.4.	NASA	flickr.com
Montag 20.4.	Etienne Girardet	unsplash.com
Dienstag 21.4.	BRRT	pixabay.com / Ralph Hennings
Mittwoch 22.4.	Ennow Strelow
Donnerstag 23.4.	Aliet Jürgens
Freitag 24.4.	Daniele Levis Pelusi	unsplash.com
Sonnabend 25.4.	Nicky Pe	pixabay.com
Sonntag 26.4.	Evgeni Tcherkasski	unsplash.com
Montag 27.4.	Ralph Hennings
Dienstag 28.4.	Maja7777	pixabay.com
Mittwoch 29.4.	Sharon Mc Cutcheon	unsplash.com
Donnerstag 30.4.	Jill Wellington	pixabay.com
Freitag 1.5.	Pierre Herman	unsplash-com
Sonnabend 2.5.	Aliet Jürgens
Sonntag 3.5.	Otto Honsálek, Selbstbildnis, Hellweg Museum Unna	global.museum-digital.org
Montag 4.5.	Gino Crescoli	pixabay.com
Dienstag 5.5.	NASA	flickr.com
Mittwoch 6.5.	Peter Keller	unsplash.com

Donnerstag 7.5.	Ralph Hennings
Freitag 8.5.	Regina Kahla
Sonnabend 9.5.	Ryk Naves | unsplash.com
Sonntag 10.5.	Phil Hearing | unsplash.com
Montag 11.5.	Comfreak | pixabay.com
Dienstag 12.5.	Ralph Hennings
Mittwoch 13.5.	Laura Maria Rizzi | pixabay.com
Donnerstag 14.5.	Monika Helmecke | pixabay-com
Freitag 15.5.	Silke Oestermann
Sonnabend 16.5.	Miroslava Chrienova |pixabay.com
Sonntag 17.5.	Andrew Rice | unsplash.com
Montag 18.5.	Ed van Duijn | unsplash.com
Dienstag 19.5.	Ralph Hennings
Mittwoch 20.5.	Kägu Öunapuul | wikimedia commons
Donnerstag 21.5.	Andreas-Metzner
Freitag 22.5.	Jude Beck | unsplash.com
Sonnabend 23.5.	Gudrun Lupas
Sonntag 24.5.	Ralph Hennings
Montag 25.5.	United Nations | unsplash.com
Dienstag 26.5.	Andreas Chu | unsplash.com
Mittwoch 27.5.	Olesya Grichina | unsplash-com
Donnerstag 28.5.	Thomas Ulrich | pixabay.com / Pete Linforth | pixabay.com
Freitag 29.5.	Alfaz Sayed | unsplash.com
Sonnabend 30.5.	Jens Kieseritzky
Sonntag 31.5.	Ralph Hennings

Die Autorinnen und Autoren

Elke Andrae
Jg. 1958, Pastorin der ev.-luth. Kirchengemeinde Oldenburg an der Christuskirche

Bärbel Bleckwehl-Wegener
Jg. 1973, verheiratet, 2 Kinder, Pastorin der ev.-luth. Kirchengemeinde Oldenburg an der Martin-Luther-Kirche

PD Dr. Ralph Hennings
Jg. 1963, verheiratet, 2 erw. Töchter, Pastor der ev.-luth Kirchengemeinde Oldenburg an der St. Lamberti-Kirche

Aliet Jürgens
Jg. 1962, verheiratet, 3 erw. Kinder, Pastorin der ev.-luth. Kirchengemeinde Ofenerdiek an der Thomaskirche

Jens Kieseritzky
Jg. 1963, verheiratet, 2 erw. Töcher, Pastor der ev.-luth Kirchengemeinde Oldenburg an der Auferstehungskirche

Anja Kramer
Jg. 1972, verheiratet, 2 Söhne, Pastorin der ev.-luth Kirchengemeinde Oldenburg an der Martin-Luther-Kirche

Gudrun Lupas
Jg. 1963, 3 Söhne, Pastorin der ev.-luth Kirchengemeinde Oldenburg an der Martin-Luther-Kirche

Silke Oestermann, MBA
Jg. 1966, verheiratet, Pastorin der ev.-luth Kirchengemeinde Oldenburg an der St. Lamberti-Kirche

Jürgen Walter
Jg. 1958, verheiratet, 2 erw. Kinder, 1 Enkelkind, Pastor der ev.-luth Kirchengemeinde Oldenburg an der Christuskirche